EDELVAN JOSÉ DOS SANTOS

SÃO CARLO ACUTIS

A jornada de um Santo Jovem conectado ao Céu

EDITORA
SANTUÁRIO

Dados Internacionais de Catalogação na Publicação (CIP) de acordo com ISBD

S237s Santos, Edelvan José dos

São Carlo Acutis: a jornada de um santo jovem conectado ao céu / Edelvan José dos Santos. - Aparecida: Editora Santuário, 2025.
128 p.; 14cm x 21cm.

Inclui bibliografia e índice.
ISBN: 978-65-5527-503-2

1. Religião. 2. Cristianismo. 3. São Carlo Acutis. I. Título.

CDD 240
2025-1482 CDU 24

Elaborado por Vagner Rodolfo da Silva - CRB-8/9410

Índice para catálogo sistemático:
1. Religião : Cristianismo 240
2. Religião : Cristianismo 24

2ª impressão

Rua Pe. Claro Monteiro, 342 – 12570-045 - Aparecida-SP
Tel.: 12 3104-2000 – Televendas: 0800 - 016 00 04
www.editorasantuario.com.br
vendas@editorasantuario.com.br

SUMÁRIO

APRESENTAÇÃO

A santidade é o grande chamado de todo cristão. Muitas vezes, imaginamos os santos como figuras distantes, de épocas remotas, vivendo realidades diferentes das nossas. No entanto Deus continua a suscitar no mundo testemunhos vivos de seu amor, mostrando que a santidade é sempre possível. São Carlo Acutis é um desses sinais luminosos para nosso tempo.

Esse jovem, que viveu poucos anos na terra, deixou uma marca indelével na história da Igreja e no coração de milhões de fiéis. Uma vida totalmente centrada em Jesus, especialmente na Eucaristia, e um amor filial a Maria Santíssima. Ele compreendeu, desde cedo, que a maior conexão que podemos ter não está na tecnologia, mas no vínculo profundo com Deus, alimentado pela oração e pelos sacramentos.

Carlo chamava a Eucaristia de "*minha estrada para o Céu*" e viveu essa verdade com plenitude. Desde pequeno, fazia de tudo para participar da Santa Missa, diariamente, e, antes ou depois da escola, passava horas diante do Santíssimo Sacramento. Ele sabia que ali estava a fonte de toda a felicidade, a presença real de Cristo, que transforma nossa vida. E, com seu olhar voltado para o Alto, não guardou essa descoberta apenas para si. Usando seu talento com a informática, criou um site para divulgar os Milagres Eucarísticos, levando incontáveis pessoas a redescobrirem a fé na presença viva de Jesus no Santíssimo Sacramento.

Mas Carlo também compreendia que Jesus nos deu sua própria Mãe como guia e refúgio seguro no caminho da santidade. Ele nutria um profundo amor por Maria Santíssima, rezando o Santo Terço todos os dias e confiando a ela sua vida e suas intenções. Como um verdadeiro filho, sabia que a Virgem Maria é nossa grande intercessora e nosso modelo de entrega a Deus. Seu amor por Nossa Senhora se refletia na simplicidade e na pureza de sua vida, no desejo sincero de agradar a Deus em cada pequena ação.

Outro aspecto belíssimo de sua espiritualidade foi sua devoção a São Francisco de Assis. Inspirado pelo pobrezinho de Deus, Carlo aprendeu a viver com desapego e simplicidade. Ele compreendia que a verdadeira riqueza não está nos bens materiais, mas em uma vida na graça de Deus. Assim como São Francisco, tinha um coração sensível à criação, vendo na natureza um reflexo do amor divino. Amava os animais e respeitava toda forma de vida, pois entendia que tudo era dom de Deus e deveria ser cuidado com gratidão e responsabilidade.

A chave de sua espiritualidade estava em uma frase que ele repetia constantemente: "Não eu, mas Deus". Essas palavras revelam a humildade e a essência de sua vida: não buscar os próprios interesses, mas colocar Cristo em primeiro lugar, reconhecendo que toda graça vem dele. Para Carlo viver bem não significava alcançar sucesso ou fama, mas permitir que Deus fosse o verdadeiro protagonista de sua história. E, ao se apagar para que Cristo brilhasse, tornou-se um farol de luz para esta geração.

Neste livro, somos convidados a mergulhar na jornada desse jovem santo, que, com um coração ardente de amor por Jesus e Maria, nos ensina que a santidade não é uma meta inalcançável, mas um chamado que começa nas pequenas coisas do dia a dia. Sua breve, porém intensa vida, ecoa para nós o convite de Cristo: "Sede santos, porque eu sou santo" (1Pd 1,16).

Que a história de Carlo Acutis desperte em seu coração o desejo de buscar a Deus com todo o seu ser. Que seu exemplo de fé, humildade e alegria cristã inspire todos nós a colocarmos Jesus no centro de nossa vida e a confiar, como ele, na poderosa intercessão de Nossa Senhora.

Boa leitura!

Dom Orlando Brandes
Arcebispo de Aparecida

INTRODUÇÃO

São Carlo Acutis foi um jovem italiano que faleceu aos 15 anos de idade, alcançou a santidade e uma envolvente conexão com Deus, deixando um legado eterno. Nascido em Londres, em 1991, e criado em Milão, viveu com simplicidade, devoção e amor pela Eucaristia.

Em um mundo repleto de distrações e desafios, a vida de Carlo responde a uma pergunta importante: "É possível viver a santidade hoje?" Ele nos diz, com sua vida, que sim e que o chamado à santidade é universal. Seu amor inabalável por Cristo na Eucaristia e o uso da tecnologia para espalhar a fé mostram que a santidade não é algo distante, mas ao alcance de todos.

O título *São Carlo Acutis: A jornada de um Santo Jovem conectado ao Céu* reflete não só sua relação com Deus, mas também sua habilidade em usar a Tecnologia da Informação para evangelizar. A história desse jovem, que uniu sua fé com a paixão por computadores e pela evangelização, é um convite para todos nós refletirmos sobre a verdadeira conexão: não a virtual, mas a *conexão com o Céu.*

Ao falar de *jornada de um santo jovem*, a obra destaca como, apesar da curta vida de Carlo, ele deixou um legado de santidade que transcende a idade. A expressão *conectado ao Céu* remete a sua profunda intimidade com Deus, que ele cultivava com oração, com devoção e presença constante de Cristo e da Virgem Maria em seu cotidiano.

Papa Francisco, na exortação apostólica *Christus Vivit*, dirigida a todo o povo de Deus, especialmente aos jovens, discursou sobre o notável discernimento e a grande responsabilidade de Carlo Acutis perante os perigos virtuais:

> Ele (Carlo Acutis) sabia muito bem que estes mecanismos da comunicação, da publicidade e das redes sociais poderiam ser utilizados para nos tornar sujeitos adormecidos, dependentes do consumo e das novidades que podemos comprar, obcecados pelo tempo livre, fechados na negatividade. Mas ele soube usar as novas técnicas de comunicação para transmitir o Evangelho, para comunicar valores e beleza. Não caiu na armadilha. Via que muitos jovens, embora parecendo diferentes, na verdade acabavam por ser iguais aos outros, correndo atrás do que os poderosos lhes impunham por meio dos mecanismos de consumo e aturdimento. Assim, não deixavam brotar os dons que o Senhor lhes deu, não colocavam à disposição deste mundo as capacidades tão pessoais e únicas que Deus semeou em cada um. Na verdade, "todos nascem – dizia Carlo – como originais, mas muitos morrem como fotocópias". Não deixes que isto te aconteça!

Carlo Acutis foi o primeiro santo a se destacar principalmente por suas atividades digitais, com a criação de um site que catalogava *Milagres Eucarísticos* ao redor do mundo. Ele foi um verdadeiro *influencer de Deus*, divulgando a beleza da Eucaristia e promovendo uma vida de oração e de caridade. Além disso, demonstrou ser possível unir a vida espiritual com as ferramentas contemporâneas.

Este livro não é apenas uma biografia espiritual, mas também um convite a todos – jovens e adultos, crianças e idosos – inspirarem-se em Carlo Acutis. Com seu amor pela Eucaristia e pelos mais necessitados, ensinou-nos que grandes feitos para o Reino de Deus podem surgir de pequenas ações cotidianas.

Prepare-se para uma marcante jornada que inspira e transforma. Descubra como um adolescente comum se tornou extraordinário e deixe que a vida de Carlo toque seu coração. Está pronto para se emocionar e se conectar com a eternidade? Então, abra as páginas deste livro e permita que sua vida seja transfigurada pela fé e pelo amor a Jesus Cristo.

Abraço fraterno!

O autor

Nota do Autor: As narrativas introdutórias de cada capítulo são composições literárias inspiradas na vida e nos exemplos de santidade de Carlo Acutis. Embora não reproduzam palavras reais do jovem santo, procuram refletir os valores que marcaram sua caminhada cristã.

1

"OI, EU SOU O CARLO!"

"Oi! Que bom que você está aqui. Eu sou o Carlo. Talvez você já tenha ouvido falar de mim. Se não ouviu, tudo bem! Quero lhe contar um pouco sobre minha vida e, mais importante, sobre o Deus incrível que eu descobri e que tudo mudou.

Eu era um garoto como qualquer outro. Amava videogames, comia muita pizza, gostava um pouco de esportes – eu confesso – e passava horas mexendo no computador. Mas, desde cedo, percebi que o mundo a meu redor era mais do que pixels, dados e algoritmo. Havia algo maior, algo que dava sentido a tudo isso: Jesus Cristo. E foi Ele que virou meu melhor amigo.

Eu sei, talvez você pense: 'Ah, mas isso não é para mim. Deus parece distante, e a vida é tão complicada!' Mas deixa eu lhe contar uma coisa: eu também já senti isso. O segredo? Descobri que Deus está mais perto do que imaginamos e fala conosco de modos que nem sempre esperamos. Quer ver como isso aconteceu comigo? Vamos lá. Conecte-se comigo nesta jornada!"

O início da santa jornada de Carlo Acutis

Carlo Acutis nasceu no dia 3 de maio de 1991, em Londres – capital da Inglaterra –, onde seu pai, Andrea Acutis, e sua mãe, Antonia Salzano, estavam a trabalho. Duas semanas após o nascimento, no dia 18, foi realizado seu batizado, na igreja londrina de Nossa Senhora das Dores (*Our Lady of Dolours*). Seus padrinhos de batismo foram o avô paterno, Carlo, e a avó materna, Luana. Sem dúvidas, os familiares estavam encantados com a chegada daquele pequenino ser, o qual nasceu para iluminar a vida de muitos...

Os pais de Carlo permaneceram na capital britânica até o início de setembro de 1991, quando decidiram regressar à Itália.

Com quatro anos, Carlo foi matriculado no jardim de infância Parco Pagani, em Milão. Possuía uma alegria contagiante ao estar com as outras crianças. Não costumava alterar seu comportamento meigo e tranquilo diante das implicâncias e das peraltices de seus coleguinhas. Por sua tamanha simpatia, obtinha até o carinho de pessoas que não gostavam de crianças, pois era impossível não se maravilhar com seu ser espontâneo e sociável. Eis o relato esclarecedor de uma babá do garotinho:

> Recordo-me de que Carlo sempre foi uma criança de uma pureza impressionante, com uma fé profunda em Deus, algo que era evidente só de estar a seu lado. Lembro também que, quando ele era pequeno, se algum dos colegas dele agisse com violência, Carlo jamais reagia. Nós ficávamos irritadas e lhe dizíamos que ele deveria se defender e ser mais corajoso, mas... não havia jeito de convencê-lo.

Havia também momentos, em que Carlo procurava ficar sozinho, apesar de ser uma criança amiga e companheira. No verão, de junho a setembro, passava o tempo com os avós maternos em Centola, comuna da província de Salerno, próxima do mar de Palinuro. As férias naquele lugarejo era a oportunidade que Carlo encontrava para estar em meio à natureza. Nesse ambiente saudável, adquiriu qualidades daqueles campesinos, como espontaneidade e sociabilidade.

Que grande estima sentiam os habitantes de Centola por aquele menino educado, humilde e cheio de vigor a saltitar pelas ruas, radiante por participar da Santa Missa todos os dias, logo após voltar da praia! Sem dúvida, por ser tão afável, durante as férias de verão, Carlo conquistou muitos amigos e maravilhosas lembranças.

Uma estudante polonesa aceitou a missão confiada pelos avós de Carlo de acompanhá-lo durante o dia, para não deixá-lo sozinho. Ela, que esteve a seu lado por quase quatro anos, revela-nos este precioso testemunho:

> Quando encontrei Carlo pela primeira vez, fiquei impressionada com a semelhança dele com aqueles "anjinhos" que vemos nas pinturas clássicas dos museus italianos. Seus olhos pareciam emitir uma luz que vinha de seu interior. Sem dúvida, sua espiritualidade refletia a de um "santo", pois é raro encontrar uma criança que participe da Santa Missa todos os dias e reze o Rosário com tanta devoção, como ele fazia!

Aos seis anos de idade, foi matriculado no conhecido e famoso Instituto San Carlo de Milão, onde permaneceu apenas três meses, porque o Instituto Tommaseo das Irmãs Marcelinas era bem mais próximo de sua casa. Rapidamente, Carlo refez suas amizades e conquistou o carinho das irmãs religiosas: era um menino especial, respeitoso e obediente.

Um dos colegas de escola menciona seu sorriso cativante, sua bondade desinteressada e sua disponibilidade em ajudar o próximo. Ele sempre se impunha para defender os amiguinhos vítimas de provocações das crianças zombeteiras. Também estava sempre motivado a ajudar aqueles colegas com dificuldades nas matérias.

Na volta da escola para casa, era costumeiro vê-lo conversando com os porteiros dos edifícios, em um diálogo cordial e afetuoso, independentemente da etnia, da língua ou da religião. Seu olhar compassivo estava mirado nos corações de quem encontrava pelo caminho. Muitos admiravam ao ver um garoto de família tão conhecida e tradicional dialogar com pessoas tão simples, visto que Carlo considerava cada ser humano um irmão em Cristo.

Em uma terça-feira, após a Solenidade de *Corpus Christi*, em 16 de junho de 1998, com apenas sete anos, Carlo Acutis recebeu, na capela do Mosteiro das Romitas de Perego, sua *Primeira Eucaristia*: uma fase essencial para o garoto que desejava incessantemente seguir os passos de Jesus.

Ensino Fundamental: os passos de Carlo Acutis continuam...

Após conclusão do Ensino Básico, Carlo ingressou no Ensino Fundamental no mesmo colégio – Tommaseo das Irmãs Marcelinas –, de setembro de 2002 a setembro de 2005. Apesar de não ser um dos primeiros alunos da classe, sobressaía-se em Informática e em outras matérias. Era extraordinária sua habilidade em aprender, em pouco tempo, várias coisas, muitas vezes, sem auxílio de um professor. Foi o que aconteceu quando sua mãe Antonia, maravilhada, deparou-se com o filho a tocar saxofone, um instrumento de difícil aprendizado.

Devido ao trabalho diário de Antonia, a família solicitou os serviços de uma jovem professora para acompanhá-lo nos deveres de casa. Uma bela amizade surgiu entre os dois, a tal ponto que Carlo muito confiava na educadora e pedia-lhe conselhos. Após seu falecimento, a professora relata a sua impressionante trajetória, fundamentada em ajuda incessante aos colegas de sala que possuíam bastante dificuldade nos estudos. Para a professora aquela nobre atitude evidencia a generosidade e a caridade de Carlo, além do zelo e carinho com as irmãs e com os professores do colégio. No Natal, por exemplo, o humilde garoto usava de suas economias para comprar lembrancinhas e jamais se esquecia dos educadores.

Querido(a) irmão(ã), que nobreza de espírito nosso amado santo Carlo Acutis possuiu, de modo a não querer vangloriar-se por causa de sua posição social! Colocou-se a serviço de muitos por seu amor a Jesus Cristo e ao próximo.

Carlo jamais aceitou ser obrigado por seus colegas a praticar más atitudes, as quais mereceriam ser repreendidas pelos professores. Impressionava o comportamento disciplinado e calmo do menino, atípico às crianças dessa idade. Também era reservado, esquivava-se de bajulações e elogios, porém, diante de conflitos entre seus colegas, deixava a timidez de lado, colocava-se no meio de todos para apaziguar. Outra característica de Carlo era seu bom humor: adorava contar piadas e fazia pequenos filmes repletos de criatividade.

Havia pessoas que julgavam seus pais por sempre o levarem a Assis, sendo que possuíam recursos financeiros necessários para realizarem viagens a outros lugares do mundo. Entretanto, certa vez, Carlo confidenciou a seu orientador espiritual que a cidade de Assis era seu destino favorito nas férias e que seus pais sempre preservaram esse desejo. Incompreensíveis, muitos criticavam o fato de ele nunca evidenciar sua posição social, por não dar importância às viagens caras, tampouco a acessórios "descolados" e roupas da moda.

Na realidade, grande período de suas férias ele passava na residência de uma família em Assis. Com frequência, divertia-se com os dois amiguinhos irmãos – Mattia e Jacopo –, que conheceu por intermédio de sua avó Mirella. Como se sentia feliz ao correr pelos campos, ao brincar com os cachorros, a cada registro de momentos inesquecíveis com sua câmera fotográfica! Esse era Carlo Acutis. Ao frequentar a piscina municipal, onde fez amizade com os zeladores, um deles encantou-se com o cuidado do menino com os animais, pois ele desejava sempre salvar os insetos que caíam na água.

De vez em quando, elaborava programas de computador, escrevia fórmulas matemáticas e resolvia cálculos dificilíssimos com o intuito de facilitar o aprendizado dos colegas. Graças a sua habilidade nas *Ciências da Computação*, seus amigos reconheceram nele um grande prodígio. Ele mesmo fazia questão de ensinar a quem tinha dificuldade em informática, porque para ele todos deveriam saber bem usar o computador, a fim de não ser excluído do mercado de trabalho por desconhecimento das novas tecnologias.

Carlo estava convicto de que o mundo tecnológico tinha seus fascínios ilusórios, como a maioria das modas resultantes de forte apelo comercial e consumista. Segundo Acutis, infelizmente, o considerável desafio contemporâneo é a *ausência de senso crítico*, que conduz ao risco de sermos sufocados pela imposição da mídia, tornando-nos seus escravos. Por se vestir com modéstia e simplicidade, era vítima de deboches dos colegas que trajavam roupas de última moda.

Além disso, tinha um olhar cuidadoso e perspicaz quando assistia a atrações televisivas. Procurava acompanhar programas de perguntas e respostas, porém jamais aceitou assistir às propagandas e aos filmes com apelo sexual. Tapava os olhos a qualquer vulgaridade na TV, pois sentia-se desconfortável e constrangido. Sob essa ótica, deve-se enfatizar que, após sua morte, seu computador pessoal foi analisado minuciosamente. Constatou-se que o histórico de sites visitados por Carlo resumia-se a endereços de pesquisa por santuários, pela vida de santos, por Milagres Eucarísticos e sobre a Bíblia e a Virgem Maria.

Carlo evidenciava seu respeito à castidade. Dizia, sem reservas, que o corpo é o Templo do Espírito Santo e necessitamos respeitá-lo conforme os mandamentos de Deus. Infelizmente, hoje em dia, muitos adolescentes e adultos são vítimas constantes da pornografia, aprisionados aos prazeres carnais. Acutis entristecia-se com as frustrações de tantos colegas, repreendia-lhes por se submeterem a comportamentos afetivos equivocados, baseados na exploração do corpo como objeto de prazer.

Fora do ambiente escolar, Carlo reunia-se com os amigos para conversar, jogar bola e lanchar em frente ao

Instituto Tommaseo. Sua integridade moral refletia os valores do Evangelho, colocando-se a serviço dos irmãos e de Jesus Cristo. Nunca o ouviram pronunciar palavras de insulto, ódio ou desdenha. Sua vida espiritual pautava-se em ir diariamente à Santa Missa. Não temia ser tachado de *careta* ao falar sobre questões relacionadas com o divórcio e o respeito pelo sacramento do matrimônio.

Sem dúvida, a santidade de Carlo é inquestionável. Raramente, encontra-se jovens capazes de compreender os valores da vida casta e dedicada aos ensinamentos da Igreja, no entanto eis Acutis, seguidor de Cristo e modelo para os jovens que ainda estão perdidos pelas armadilhas deste mundo.

Carlo Acutis: sua evidente autenticidade no Ensino Médio

Carlo recebeu o sacramento da Confirmação em 24 de maio de 2003, com 12 anos, e ingressou no Ensino Médio aos 14 anos, matriculado no Instituto Leão XIII de Milão, colégio dirigido por padres jesuítas, em setembro de 2005. Nessa instituição, o adolescente pôde aperfeiçoar suas habilidades humanas, além de evoluir espiritualmente. Especializou-se na matéria que mais o cativava: as *Ciências da Computação*. Ainda que seus estudos exigissem muito dele, decidiu oferecer parte de seu tempo à catequese infantil, preparatória para receber o sacramento da Crisma; contudo ficava aborrecido quando se ausentava desse compromisso com a Igreja, por causa dos estudos.

Além de cuidar e trabalhar no site paroquial de Santa Maria Segreta, Carlo elaborou o novo site para o voluntariado do Instituto Leão XIII e realizou a coordenação e divulgação das atividades de muitas classes relacionadas com um concurso nacional.

O padre jesuíta Roberto Gazzaniga, encarregado pela pastoral escolar do instituto, revela o incrível comportamento de Carlo ao ingressar nesse colégio. Sua postura e conduta pautavam-se pela cordialidade, familiaridade e ternura, incomuns aos novatos. Era como se o jovem conhecesse aquela instituição há muito tempo.

Ainda, padre Roberto relembra do zelo de Carlo com aqueles colegas que sofriam exclusão pelos demais. Já nos primeiros dias, após ingresso no instituto, o adolescente aproximava-se com respeito e coragem daqueles alunos com dificuldades de adaptação à nova escola. Andava alegremente pelos corredores do colégio durante o intervalo, no intuito de manter uma agradável interação com colegas e professores. Realmente, o caridoso garoto foi o alicerce para muitos alunos excluídos e solitários daquela instituição escolar.

Sua autenticidade triunfou sobre os conflitos dos colegas, os quais, na adolescência, costumavam menosprezar aqueles com qualidades excepcionais; Carlo não chegou a ser alvo de zombaria ou de provocação, ainda que demonstrasse com firmeza seu propósito de viver a fé e o amor a Cristo.

Em certa ocasião, um dos confrades jesuítas entrou na sala de aula e solicitou a participação dos alunos para formarem um grupo extracurricular, nomeado *Comunidade de Vida Cristã CVX*. Somente Carlo declarou real interesse em participar desse grupo. Todo esse dinamismo cativava quem o conhecia, tanto que seus colegas do Ensino Fundamental e Médio destacam algumas das virtudes de Carlo que mais os surpreendiam: a alegria, a caridade, a simpatia e a autodisciplina.

Carlo compreendia facilmente obras acadêmicas direcionadas a programas computacionais. Em razão disso, com frequência, procuravam o adolescente para preparar apresentações e trabalhos escolares relacionados com a informática. Por tamanha genialidade no âmbito da programação, um desenvolvedor de sistemas tomou conhecimento do garoto prodígio. Assim que conheceu Carlo, ficou estarrecido e surpreso com tamanha capacidade e competência do adolescente.

Muitos de seus amigos relatam com clareza sua humanidade, disposto a defender quem necessitasse. Certa ocasião, ele protegeu um garoto com deficiência de quem zombavam. Jamais sentiu medo de lutar contra o *bullying*. Em outro momento, reprovou drasticamente a atitude de alguns meninos que caçoavam de uma mulher indiana por usar o *sari* (traje indiano).

Querido(a) amigo(a) leitor(a), será que tivemos a bravura de Carlo em nossa adolescência, em defesa da dignidade humana? Seríamos capazes de nos posicionar diante da injustiça, como ele fez? Quantos de nós silenciamos diante de atitudes desrespeitosas, por medo ou indiferença? E quantas vezes deixamos de lutar pelo que é certo, mesmo sabendo que nossas ações poderiam fazer a diferença?

Finalmente, no que concerne à questão do aborto, Carlo sempre reforçou o ensinamento da Igreja aos colegas e aos professores, pela preservação da vida, frisando sua convicção pelos princípios morais. Pouco antes de sua morte, durante a elaboração de artigos sobre a fertilização assistida, ficou entristecido ao ter conhecimento de que, no mundo inteiro, milhões de embriões congelados são, em grande quantidade, eliminados.

2

"MEUS AMIGOS DO CÉU"

"Já imaginou como seria ter amigos que nunca abandona você, que estão sempre prontos para o ajudar? Eu tinha alguns desses. E sabe o melhor? Eles estão disponíveis para você também. Deixe-me lhe contar mais sobre eles.

Desde pequeno, eu aprendi que não estamos sozinhos nesta vida. Temos uma Mãe incrível, a Virgem Maria, que cuida de cada um de nós como cuidou de Jesus. Eu sempre amei rezar o terço. Era como segurar a mão dela, especialmente quando as coisas ficavam difíceis. Uma vez, li que o terço é 'a corda que nos puxa para o céu'; então comecei a rezar todos os dias. Queria estar sempre perto dela.

Outra coisa que descobri foi que temos um Anjo da Guarda que nunca nos deixa. Sério! O meu era como meu 'guarda-costas espiritual'. Antes de dormir, eu conversava com ele, agradecia-lhe estar a meu lado e até pedia ajuda com coisas do dia a dia. Uma vez, no caminho da escola, eu estava preocupado com uma prova. Então, pedi a meu anjo que me ajudasse a lembrar as coisas que estudei. Acho que ele deu um jeito, porque a prova foi tranquila!

Agora, deixe-me eu te falar sobre São Francisco de Assis. Que cara incrível! Ele viveu de um jeito tão simples que parecia até estranho para as pessoas da época. Mas foi assim que ele mostrou que a verdadeira riqueza está em Deus. Quando eu lia sobre ele, sentia uma alegria enorme. Ele amava os pobres, os animais e via a beleza de Deus em tudo ao redor. Isso me fez pensar: 'como eu posso ser mais simples e generoso no meu dia a dia?' São Francisco me ensinou a valorizar as pequenas coisas e a confiar totalmente na providência de Deus.

Se você ainda não conhece bem a Virgem Maria, seu Anjo da Guarda ou São Francisco de Assis, aqui vai um convite: experimente se aproximar deles. Reze uma Ave-Maria, fale com seu anjo antes de dormir ou leia sobre São Francisco. Eu prometo que eles estão esperando você, prontos para o ajudar a chegar mais perto de Deus. Afinal, eles já passaram pelo que nós passamos. E sabe o que é mais legal? Eles desejam estar sempre perto de nós!"

Carlo Acutis: o santo devoto dos santos

Carlo também alimentava enorme respeito pelos santos. Tinha um carinho especial por São Francisco, cuja proximidade era facilitada por suas visitas a Assis. Na realidade, Carlo sempre se sentiu tocado pela simplicidade vivida pelo santo, pela forma como se sentia pequeno para engrandecer Cristo. Estava convicto de que era essencial ser humilde e caridoso para se tornar um autêntico seguidor de Jesus.

Caro(a) irmão(ã), sabe qual a virtude Carlo considerava a mais difícil de se obter? A humildade. Assim ele proferia: "Todos nós somos iludidos porque, assim que nos dizem algo que não nos agrada, ficamos logo irritados". Para Carlo a humildade não era apenas uma virtude a ser praticada, mas uma verdadeira luta interna contra o orgulho e a vaidade. Ele sabia que, em um mundo onde somos constantemente incentivados a buscar reconhecimento e a valorizar nosso ego, cultivar a humildade seria sempre um desafio. Contudo ele também acreditava que, ao nos esvaziarmos de nós mesmos e ao colocarmos o bem do próximo acima de nossas vontades, seria possível alcançar essa virtude tão difícil, mas essencial para a verdadeira santidade.

Também apreciava a devoção de São Francisco pela Eucaristia e sua vontade de divulgar o Evangelho a todas as pessoas. Graças ao modelo de sacrifícios e de penitências desse homem virtuoso, Carlo conseguiu superar a gula, conseguindo se purificar de seu vício. Durante sua permanência em Assis, gostava de frequentar o Monte Alverne, lugar onde o santo recebeu os estigmas de um Serafim, antes da Festa da Exaltação da Santa Cruz, em 1224.

Além de São Francisco, Carlo tinha grande devoção por Santo Antônio de Pádua. O jovem enxergava nele um notável pregador da Palavra, um verdadeiro *Apóstolo da Eucaristia*. Ficou deslumbrado com o relato de que, em Rimini, o santo conseguiu convencer um herege, que duvidava da presença real de Jesus na Eucaristia, por meio do gesto de uma mula que se ajoelhou diante da Hóstia Consagrada. Sobre esse milagre operado por Santo Antônio, Carlo comentava que, sem dúvida, o animal foi guiado diretamente por Cristo para desmascarar a incredulidade de muitos homens, que, certamente, teriam preferido fazer uma agradável refeição a adorar Jesus Eucarístico.

Sua veneração por São Francisco e Santo Antônio despertou nele o anseio de praticar atos de caridade, especialmente em relação aos necessitados. Ele se esforçava cada vez mais, com o intuito de se tornar cada vez mais altruísta.

Durante uma de suas caminhadas em Assis, encontrou um indigente que já há muito tempo dormia no chão da praça pública. Várias vezes, durante a noite, Carlo pedia em sua casa que preparassem uma refeição para levar ao homem pobre. Sempre deixava um pouco de seu dinheiro, juntamente com a comida. Há registros de que possuía a mesma atitude com os desabrigados que pernoitavam em frente à igreja, em Milão. Com frequência, levava parte de sua própria refeição. Em certa ocasião, usou suas economias para comprar um saco de dormir e entregou a um mendigo que dormia sobre um papelão.

Carlo sempre teve a convicção de que os pobres são os filhos mais amados de Deus; em diversas ocasiões, reiterava que aqueles que possuíssem grandes recursos financeiros ou títulos de nobreza não deveriam se vangloriar, fazendo com que os outros se sentissem inferiores ou humilhados.

A dignidade humana era para o jovem um princípio inquestionável, a ser defendido por todos, independentemente de serem ricos ou não. Sempre considerou intoleráveis as desigualdades e as injustiças, pois, como afirmava, todos os seres humanos são obras de Deus.

Para Carlo todos mereciam ser tratados com respeito e amor, pois somos igualmente amados pelo Criador.

Ele acreditava que o verdadeiro cristão não poderia se conformar com as divisões sociais ou com as discriminações, mas deveria lutar, com coragem e compaixão, pela promoção da dignidade de cada ser humano. Será que, em nosso cotidiano, estamos verdadeiramente defendendo a dignidade humana, ou simplesmente nos acomodamos com as injustiças que vemos em nosso meio? Carlo nos lembra que, ao olharmos para o próximo, devemos ver, em cada rosto, o reflexo de Deus e agir em favor do bem comum, promovendo a igualdade e o respeito em todas as nossas ações.

Carlo Acutis e seu infinito amor à Virgem Maria

Carlo nutria uma devoção fervorosa à Mãe de Jesus, tanto amor foi expressado, certa vez, a seus pais ao dizer: "A Virgem Maria é a única mulher da minha vida!" O jovem considerava o Santo Rosário – recitado diariamente por ele – o *encontro mais galante do dia*, no qual pedia a Maria Santíssima aprender a ser mais virtuoso, um autêntico discípulo de Cristo.

Querido(a) irmão(ã) de caminhada, temos amado a Virgem Maria como o Pai Amado espera de cada um de nós e como fazia Carlo Acutis? Reflitamos esta linda mensagem proferida pelo jovem: "Quem mais que a Virgem Maria pode ensinar-nos a entrar sempre mais na intimidade com as três pessoas da Santíssima Trindade, sendo a Mãe de Jesus, nosso Deus e nosso Redentor, e a esposa do Espírito Santo? Seguramente, Deus não lhe recusa nada, sendo a criatura que ele ama mais que todos".

Carlo adorava frequentar o santuário mariano de Pompeia, dedicado a Nossa Senhora do Rosário. Certa vez, diante da imagem da Virgem de Pompeia, orou pela conversão da mãe de um estimado amigo da família. Há trinta anos, essa senhora havia optado por se afastar dos sacramentos. Após algum tempo, a mulher se confessou, voltou a comungar e se reconectou à vida de oração e de amor a Cristo.

Na breve jornada de sua existência, Carlo consagrou-se à Virgem Maria sete vezes. Após a celebração da Santa Missa, em Milão, é tradição que o sacerdote realize a consagração dos fiéis a Nossa Senhora. Ao término do rito, é entregue ao consagrado uma medalha com fita azul. Carlo guardava essas medalhas como preciosidades espirituais entre seus bens.

Além da devoção a Nossa Senhora do Rosário de Pompeia, Carlo também tinha veneração pelas manifestações de Maria em Lourdes e em Fátima. Em fevereiro de 2005, viajou com seus pais para a Espanha. Antes, fizeram uma pausa em Lourdes, a pedido do jovem, para conhecer os locais onde Nossa Senhora se revelou a Santa Bernadete e para beber da água milagrosa da gruta. Ao se aprofundar sobre a aparição mariana em Lourdes, Carlo refletiu que Deus tem uma predileção pelos humildes. Vale destacar que, quando tinha seis anos, relatou aos pais ter ouvido uma voz interior que lhe dizia: "Não o amor-próprio, mas a glória de Deus".

No ano seguinte, Carlo teve a oportunidade de visitar o Santuário de Fátima, pois era seu grande anseio conhecer a região onde Nossa Senhora apareceu aos pastorinhos – Francisco, Jacinta e Lúcia –, exemplos de virtude por sua disposição em realizar penitências por amor a Deus. Inspirado pelo exemplo das três crianças, passou a se empenhar em renunciar a algumas coisas que apreciava, como chocolate e seus filmes favoritos. Para o jovem a renúncia e as privações praticadas eram "um buquê de rosas a Nossa Senhora, que assim o utiliza para auxiliar seus filhos mais necessitados".

Antes de visitar a cidade de Fátima, durante uma viagem à França com os pais, Carlo levou o *Diário de Irmã Lúcia*, que contém a narrativa de suas quatro memórias. Lendo-o com atenção, em voz alta, deparou-se com o episódio em que os pastorinhos perguntaram a Nossa Senhora se também iriam para o Céu. Em resposta, a Virgem Maria afirmou que, provavelmente, Lúcia e Jacinta estariam ao lado de Deus, mas Francisco deveria rezar mais terços.

Isso deixou o jovem profundamente inquieto. Seus pais relembram o questionamento de Carlo: "Se Francisco, que era tão valente, tão bondoso e tão simples, precisava rezar muitos terços para alcançar o Paraíso, como eu poderia merecer isso? Eu, que, comparado a ele, sou tão pouco santo?"

Amigo(a) leitor(a), o que eu e você poderíamos responder ao aflito garoto? "Querido Carlo, não se aflija. Deus conhece sua alma generosa e humilde. Você, com seu esforço diário e sua busca sincera da sua santidade, está mais perto de Deus do que imagina. Tenha a certeza: Deus o ama de maneira única e infinita, e Ele vê a ternura de seu coração". Finalmente, veríamos em seu rosto aquele incomparável sorriso angelical, em agradecimento, por nossa resposta de amor.

A prática da devoção dos *Cinco Primeiros Sábados do Mês*, revelação de Nossa Senhora de Fátima à irmã Lúcia, em 1925, também passou a ser seguida por Carlo, um convite em reparação pelas afrontas cometidas contra o Imaculado Coração de Maria.

Carlo tinha sempre como sua missão empenhar-se, com todas as suas forças, para alcançar o Reino de Deus. Para nunca se afastar do caminho que o levaria ao Céu, o jovem carregava em seu coração os ensinamentos deixados por Jesus na Bíblia. De fato, a Palavra de Deus era a luz que guiava seus passos ao longo de sua jornada terrena, e Maria, sua fiel companheira, estava ao seu lado para conduzi-lo aos braços de seu amado Filho, Jesus.

Portanto a vida de Carlo Acutis revela um jovem profundamente enraizado em sua fé, com uma devoção constante à Virgem Maria, especialmente por meio do Rosário e da Consagração. Para ele Maria era a *ponte* que o conduzia a Cristo, e sua prática diária de oração refletia o desejo sincero de crescer em santidade. Será que nós, como Carlo, somos capazes de entregar, diariamente, nosso coração a Maria e confiar em sua intercessão em nossa caminhada de fé?

Além disso, o exemplo de Carlo nos ensina que a santidade não se mede pelos sacrifícios, mas pela sinceridade e pureza do coração. Por isso sua vida de renúncia e devoção nos desafia a buscar o Reino de Deus com o mesmo amor e ardor.

Carlo Acutis e a proteção divina: a amizade com o Anjo da Guarda

Em sua breve e profunda vida terrena, sempre enfatizou a importância da amizade com Deus e com os seres celestiais que nos acompanham: os Anjos da Guarda. Desde bem pequenino, Carlo demonstrou uma profunda devoção aos anjos, por isso orava diariamente a seu protetor.

De fato, seu vínculo especial com seu Mensageiro de Deus começou por volta dos cinco anos, quando sua mãe leu a biografia de Santa Gemma Galgani (1878-1903), reconhecida por sua dedicação única aos Anjos da Guarda. Carlo também ficou maravilhado com a forte devoção do Padre Pio de Pietrelcina (1887-1968) pelos anjos.

A partir das vivências desses dois santos, aprendeu a se dirigir aos anjos para que o auxiliassem a superar suas principais fraquezas, que eram *a gula e a preguiça*. Carlo comentava que seu anjo o inspirou a ler um episódio da vida do Padre Pio, leitura que o ajudou consideravelmente a vencer a preguiça.

Uma das frases proferidas pelo *Apóstolo da Internet* reflete essa profunda conexão: "Peça continuamente ajuda a seu Anjo da Guarda. Ele tem de se tornar seu melhor amigo". Com essas palavras, Carlo nos convida a reconhecer a presença constante e protetora de nosso Anjo da Guarda, um amigo oculto a nossos olhos, mas essencial, em nossa jornada de fé.

Para ele o Anjo da Guarda não era apenas uma figura distante ou simbólica, mas um ser real, enviado por Deus para nos guiar, proteger e ajudar em nossas escolhas diárias.

Ao afirmar que o anjo deve se tornar o *melhor amigo*, lembrou-nos que devemos cultivar uma relação íntima e de confiança com essa presença do Céu. A amizade com nosso anjo implica abrir nosso coração, confiar plenamente em sua ajuda e pedir sua orientação em todos os momentos da vida, principalmente nas dificuldades e tentações.

Em 2004, durante uma viagem de peregrinação a Nossa Senhora do Rosário de Pompeia, sua mãe fez uma pequena alteração no percurso, a fim de levá-lo para conhecer o convento de Padre Pio, em San Giovanni Rotondo.

Um taxista, filho espiritual do santo, que os conduziu na visita, relatou que, frequentemente, São Pio lhe solicitava encaminhar certas pessoas atribuladas pelo demônio diretamente ao Santuário de São Miguel Arcanjo, no Gargano. Padre Pio afirmava que *somente nesse lugar* era *possível alcançar a cura da alma e do corpo*. Prontamente, Carlo solicitou à mãe que fossem também ao santuário e encantou-se com aquele lugar celestial, pois não era ao ar livre, mas dentro de uma profunda gruta.

Quando chegaram, uma das responsáveis pela orientação no santuário explicou que a profundidade da gruta revelava que o visitante de São Miguel deveria explorar uma jornada interior bem profunda para purificação dos pecados e, assim, sair restaurado. Emocionado, Carlo fez a visita com a convicção de que o Arcanjo havia se manifestado diretamente naquela gruta, deixando a marca de uma de suas asas na pedra.

A partir desse instante, tocado pela espiritualidade do local, começou a rezar a Coroa Angélica, uma oração dedicada aos 9 coros dos anjos, composta de 27 Ave-Marias e 9 Pai-Nossos. São Miguel prometeu que aqueles que o venerassem com a recitação da Coroa Angélica, antes da Comunhão, seriam conduzidos ao altar por um anjo de cada coro e gozariam de cuidado especial, tanto em vida quanto no purgatório, após a morte.

Sem dúvida, o jovem Carlo tinha uma firme fé na proteção angelical e acreditava estarem os anjos a nosso lado para nos ajudar a viver de acordo com a vontade de Deus. Ele entendia que, ao pedirmos constantemente a ajuda do Anjo da Guarda, nós nos tornaremos mais receptivos à graça divina e mais preparados para seguir o caminho da santidade. Os anjos não são apenas protetores, mas também guias espirituais que nos conduzem para mais perto de Deus, assim como o próprio Carlo fez com seu exemplo de vida.

Carlo Acutis também destacava a importância de cultivar uma vida de oração contínua, em que o Anjo da Guarda tem um papel fundamental, ao interceder por nós e nos conduzir a uma fé mais profunda. O Anjo da Guarda, segundo ele, é uma presença constante de amor e de luz, que nos ajuda a discernir a vontade de Deus e a agir com bondade e pureza de coração.

Ao fazer dessa relação com o Anjo da Guarda um ponto central de sua espiritualidade, desafia-nos a ter confiança e a abrir nosso coração para esse inestimável amigo. Ele nos convida a acreditar que, assim como ele mesmo fez durante sua vida, podemos experimentar uma amizade profunda e transformadora com o Anjo da Guarda, uma amizade que nos leva a uma vida mais plena de fé, de paz e de comunhão com Deus.

3

"O DEUS, QUE SE ESCONDE NO PÃO"

"Sabe aquele amigo que está sempre com você, mesmo que você não o veja? Foi assim que comecei a enxergar Jesus. Na missa, percebi que Ele não era só um pedaço de pão; Ele estava ali de verdade, esperando para me ouvir, para me consolar e me guiar.

Parece loucura, não é? Um menino de apenas 7 anos já pensando nisso. Mas sabe o que é mais louco? Quanto mais eu me aproximava dele, mais a vida fazia sentido. A escola, os amigos, até os problemas: tudo parecia mais claro. É como se Jesus fosse o melhor programa de navegação de minha vida. E quer saber? Ele sempre foi meu link certo, nunca me deu uma rota errada nesta jornada!

Eu percebia que, ao receber Jesus na Eucaristia, algo dentro de mim mudava. Era como se Ele tocasse meu coração e me desse uma força que eu nunca tinha conhecido antes. Não era uma força qualquer, mas uma paz profunda, que me dizia: 'Você não está sozinho, Eu estou com você'. Eu passava a ver o mundo de uma forma diferente, e as coisas, que antes pareciam grandes e complicadas, agora eram pequenas diante do amor de Deus.

Às vezes, eu ficava imaginando o quanto Jesus estava ali, no pão, só esperando que nós o recebêssemos. Ele não precisava fazer isso, mas fez, porque nos ama. E, como eu o amava! Meu maior desejo era estar o mais perto possível d'Ele. Por isso eu não deixava de ir à Santa Missa nem quando as coisas estavam corridas ou difíceis. Ele estava ali, no altar, esperando por mim, e eu sabia que nada no mundo poderia ser mais importante do que estar com Ele.

E sabe o que era mais bonito? Ele não estava lá só para mim. Ele estava lá para todos nós. Então, quando você for à missa, olhe para o altar e pense: 'Deus está aqui, por mim!' Se você deixar, Ele vai mudar sua vida. Afinal, quem não gostaria de ter um amigo tão fiel e tão presente assim? Experimente se aproximar d'Ele. Tenho certeza de que, assim como mudou a minha vida, Ele também transformará o seu ser."

Carlo Acutis e São Francisco de Assis: um amor compartilhado pela criação de Deus

Carlo Acutis cultivava um carinho especial pelos animais. Embora sua principal paixão fosse a tecnologia e a propagação da fé cristã por meio da internet, sua sensibilidade e seu amor por todas as criaturas refletiam a pureza de seu coração. Desde criança, demonstrava uma conexão profunda com os animais e cuidava deles com o mesmo zelo e respeito que tinha pelas pessoas.

Ele gostava, especialmente, de cães e gatos, animais frequentemente vistos em sua casa e a seu redor. Ele tinha dois gatos, quatro cachorros e alguns peixinhos dourados, os quais também eram os protagonistas em seus filmes caseiros. Filmava seus animaizinhos em cenas engraçadas para divertir seus pais e seus amigos. Sua maneira de interagir com eles era simples e afetuosa, refletindo sua empatia e bondade natural. Para ele os animais não eram apenas criaturas com as quais convivia, mas seres com alma e dignidade, merecendo de nós a mesma proteção e apreço que devemos ter uns pelos outros.

Seus colegas relatam uma das cenas registradas por Carlo. Nesse episódio, havia a cachorrinha Chiara, que interpretou a vilã dos cães e sonhava em dominar o "mundo dos felinos perversos"; o gato maligno Cleo, que era um comandante supremo e precisava derrotar os cães para conquistar o império; o cachorro, Poldo, que era secretário das relações exteriores; e Briciola, seu cão predileto, que era o inimigo do líder supremo. As edições e gravações ficavam tão bem trabalhadas que seus amigos o viam como um autêntico diretor.

Além de cachorros e gatos, Carlo tinha grande estima pelos golfinhos. Em uma ocasião, durante um passeio de barco com sua mãe e seus avós, o garoto comentou que havia orado a Jesus com a intenção de avistar alguns golfinhos; isso realmente aconteceu. Lamentavelmente, Carlo perdeu seu avô materno quando tinha apenas quatro anos.

Ele sempre relatava que, após o falecimento, seu avô lhe aparecia em visão e lhe pedia que orasse por sua alma, pois estava no Purgatório. Assim, Carlo jamais deixou de rezar pelo pai de sua mãe e de pedir por sua alma durante a celebração da Santa Missa, pois, segundo ele, "é a oração mais significativa que podemos oferecer para ajudar as almas a saírem do Purgatório".

O amor de Carlo pelos animais também se entrelaçou com sua devoção a São Francisco de Assis, conhecido como o protetor dos animais e da natureza. Este, em sua vida, demonstrou um carinho profundo por todas as criaturas, vendo em cada uma delas uma obra divina. Carlo, mesmo jovem, admirava-o e seguia seus ensinamentos, buscando imitá-lo em seu amor incondicional pelos seres vivos e em sua relação harmoniosa com o mundo natural.

Em suas orações e reflexões, Carlo frequentemente mencionava a importância de respeitar a criação de Deus, e a figura de São Francisco servia como um modelo claro de como viver essa devoção. A atitude desse santo, que via Deus em todas as criaturas e as tratava com ternura, era algo que Carlo procurava incorporar em seu dia a dia. Assim como São Francisco, ele acreditava que os animais não eram apenas companheiros de jornada, mas também uma manifestação do amor e cuidado de Deus pelo mundo.

Portanto seu amor pelos animais foi uma expressão de sua fé e espiritualidade, refletindo os valores cristãos de compaixão, de respeito e de amor pela criação divina. Ele via os animais como parte do plano de Deus, dignos de cuidado e consideração, e procurava seguir o exemplo de São Francisco de Assis ao demonstrar essa afeição.

Confissão: a busca incessante de Carlo pela libertação dos pecados

O Sacramento da Reconciliação sempre foi para Carlo Acutis uma necessidade constante, pois tinha o inabalável objetivo de se aperfeiçoar continuamente, de modo a controlar até seus ínfimos defeitos, como a conversa fácil em sala de aula e a distração durante a oração do Santo Rosário. Ele confessava, na maioria das vezes, com padre Mario Perego, o qual relata o garoto excepcional que Acutis representava, pois sempre queria se aprimorar, ainda que fosse no convívio com os pais ou na amizade com seus colegas de escola. O sacerdote também menciona o quão vivo o jovem santo permanece em sua memória, o quanto a intercessão de Carlo o tem ajudado no discernimento do espírito.

Amado(a) irmão(ã), observe o extraordinário ensinamento que Carlo nos transmite sobre a relevância de confessarmos regularmente: "O menor erro nos mantém presos ao solo, da mesma forma que um balão não sobe por causa do fio que seguramos nas mãos. O balão de ar quente, para subir, precisa retirar os pesos; assim como a alma, para se elevar ao céu, necessita remover os pequenos fardos que são os pecados veniais. Se, porventura, houver um pecado grave, a alma desce ao chão, e a confissão é como o fogo que faz o balão retornar ao céu. Deve-se confessar frequentemente, pois a alma é extremamente complexa".

Temos consciência do mandamento da Igreja sobre a exigência da confissão quando cometemos pecados graves. Desse modo, quem tem ciência do cometimento de falta mortal necessita abster-se de receber a Santa Eucaristia até se confessar. Contudo, apesar da obrigatoriedade da confissão somente dos pecados graves, é oportuno buscar a Reconciliação para os erros veniais, como bem defendia Carlo. Vejamos o que diz o Catecismo: "Sem ser estritamente necessária, a confissão das faltas cotidianas (pecados veniais) é, contudo, vivamente recomendada pela Igreja. Com efeito, a confissão regular de nossos pecados veniais ajuda-nos a formar nossa consciência, a lutar contra as más inclinações, a deixarmo-nos curar por Cristo, a progredir na vida do Espírito. Recebendo com maior frequência, nesse sacramento, o dom da misericórdia do Pai, somos levados a ser misericordiosos como Ele" (n. 1458).

Por fim, vale também ressaltar a importância da direção espiritual, visto que, atualmente, muitos fiéis recorrem a esse acompanhamento essencial para progresso na vida cristã. Infelizmente, quando se tem rejeição à direção espiritual, embora convicto de estar necessitado desse auxílio, corre-se o risco de se estagnar no processo espiritual libertador, no qual ousamos deixar Deus *falar com voz forte* a nosso coração para agir plenamente em nosso ser.

A prática constante do Sacramento da Reconciliação, como Carlo Acutis nos ensinou, não deve ser vista apenas como uma obrigação, mas como uma oportunidade de crescer espiritualmente e de viver mais plenamente a graça de Deus. Ao se aproximar de Deus na confissão, Carlo não só removia as imperfeições de sua alma, mas também buscava a perfeição do amor, da humildade e da virtude.

Ele nos mostrou que a confissão não é um momento de medo ou de vergonha, mas uma chance de renovação, na qual o perdão divino nos liberta e nos impulsiona para uma vida mais alinhada com os desígnios de Deus. Cada confissão é, de fato, um passo a mais em direção ao Céu, como o balão que, libertando-se do peso, ascende.

Além disso, a direção espiritual que Carlo tanto valorizava é essencial para que possamos avançar em nossa caminhada de fé. Ter alguém que, com discernimento, nos guie na oração, na escolha dos caminhos e na luta contra nossas falhas é um grande auxílio na vida cristã. O aconselhamento espiritual não é apenas para aqueles que se sentem perdidos, mas para todos os que desejam crescer em santidade.

Como Carlo demonstrou, estarmos abertos ao direcionamento do Espírito Santo, por meio da direção espiritual, permite-nos uma vida mais plena e mais próxima da vontade de Deus. Que possamos seguir o exemplo desse jovem santo e buscar, com humildade, a ajuda divina para nos tornarmos melhores a cada dia.

A Eucaristia: "a estrada para o Céu"

A profunda espiritualidade eucarística de Carlo Acutis foi seu caminho para junto de Jesus, que o aguardava, ansiosamente, pela preservação contínua de um coração puro e caridoso. De fato, o convívio diário com Cristo na Eucaristia foi o centro de toda a sua vida.

Quando ainda pequeno, a mãe o presenteou com um cordeiro, com o qual adorava brincar e do qual adorava cuidar. Podemos dizer que a vida desse jovem foi igual à de um cordeiro levado ao sacrifício, pois ele se uniu a Cristo, desde criança, e ofereceu sua dor e seu sofrimento, diante de sua doença, pelo Senhor Jesus, pelo Papa Bento XVI e por toda Igreja Católica Apostólica Romana. Eis o que o jovem santo dizia, durante sua jornada de fé:

> Acredito que muitas pessoas não entendam o valor da Santa Missa, pois, se soubessem o grandioso presente que o Senhor nos deu, ao se oferecer como alimento e bebida na Hóstia Santa, todas iriam à igreja diariamente para participar dos frutos do sacrifício celebrado e deixariam de lado muitas coisas desnecessárias!

Desse modo, Carlo Acutis costumava afirmar, frequentemente, diante da indiferença de muitos fiéis e de certos padres que não acreditavam na presença real do Senhor na Eucaristia:

> Os sacerdotes são as mãos estendidas de Cristo e devem testemunhá-lo com fervor, sendo, eles mesmos, exemplos luminosos, não simples repetidores automáticos de um rito litúrgico no qual não colocam seu próprio coração e pelo qual não transparece a fé em Deus.

Sobretudo, após a Primeira Comunhão, o amor do jovem se intensificou pela Eucaristia. Logo, com a permissão de seu orientador espiritual, passou a frequentar todos os dias a Santa Missa. De imediato, isso chamou atenção de muitas pessoas, porque é tão raro presenciar garotos de sua idade participando da missa, diariamente, em clima de oração fervorosa, com serenidade, alegria e corajoso testemunho cristão.

Cabe ressaltar que a devoção de Carlo à Eucaristia ia além da participação diária da Santa Missa, pois permanecia em oração, diante do sacrário, por um considerável tempo. Sua adoração a Cristo, diante do tabernáculo, sua certeza de estar em companhia com a Santíssima Trindade e seu amor infinito pelas *coisas do alto* fizeram-no aprofundar o Mistério da Eucaristia.

Após a Consagração Eucarística, rezava a seguinte oração: "Pelo Sagrado Coração de Jesus e pelo Imaculado Coração de Maria, ofereço-vos todos os meus pedidos e suplico que eles sejam atendidos". Sim, o jovem afirmava que o momento principal e oportuno de pedir graças a Cristo era o da Consagração: "Quem mais do que um Deus, que se oferece a Deus, para poder interceder por nós?" Depois de comungar, então Acutis orava: "Jesus, fique à vontade! Sinta-se em casa!" Em uma ocasião, ele ainda proferiu: "Jesus é muito original, porque quis se esconder em um pedacinho de pão, e só Deus poderia fazer uma coisa tão incrível!"

Entre seus amigos e colegas, ele tornou-se um autêntico apóstolo da Santa Eucaristia por narrar os mais conhecidos Milagres Eucarísticos, ocorridos ao redor do mundo. Esses acontecimentos miraculosos marcaram, com intensidade, a vida do adolescente, tanto que ele idealizou e desenvolveu uma grandiosa exposição dedicada a apresentar todos os prodígios da Eucaristia.

Ao todo, são 136 Milagres Eucarísticos mostrados em 166 painéis. Essa exposição, que já percorreu o mundo inteiro, foi inaugurada em 4 de outubro de 2006, uma semana antes de seu falecimento; por isso nela não esteve presente, por estar já debilitado pela leucemia. O conteúdo digital dos Milagres Eucarísticos é encontrado facilmente no site criado pelo jovem (www.miracolieucaristici.org).

Estimado(a) leitor(a), finalmente, Carlo declarava: "Se Jesus sempre fica conosco, onde quer que haja uma Hóstia Consagrada, que necessidade há de fazer uma peregrinação a Jerusalém para visitar os lugares onde Jesus viveu há dois mil anos? Então também os tabernáculos deviam ser visitados com a mesma devoção!" Pensemos nessa verdade de fé e de amor a Cristo Sacramentado e visitemos o sacrário, regularmente, fonte de incontáveis prodígios e graças celestiais!

4

"O MELHOR LUGAR É AO LADO DE QUEM PRECISA"

"Você já passou por alguém na rua, com frio, com fome, e pensou: 'eu devia ajudar, mas...'? Eu já pensei isso. Na verdade, pensei muitas vezes. Mas sabe o que descobri? Que não adianta só pensar, a gente precisa agir.

Uma vez, vi um homem deitado na calçada perto de casa. Ele tremia de frio, e eu não conseguia parar de olhar para ele. Então, entrei em casa, peguei um cobertor e levei até ele. Não foi nada demais, mas o sorriso que ele me deu... Nossa! Foi como se eu tivesse ganhado um presente.

Depois disso, comecei a prestar mais atenção. Toda vez que via alguém necessitado, pensava: 'E se fosse Jesus ali?' E se fosse Ele com fome ou com frio? Eu não ia hesitar em ajudar. Foi assim que passei a doar comida, roupas e, um dia, até a minha mesada. Você acredita? Embora fosse o dinheiro que eu guardava para comprar coisas de que eu gostava, pensei: 'Eu posso viver sem isso. Ele não pode viver sem dignidade'.

Não quero que você pense que eu era especial. Não era. Qualquer pessoa poderia fazer o mesmo, pois não é preciso ter muito para ajudar. Às vezes, o que faz diferença é um sorriso, uma conversa ou até uma oração. O importante é ver Jesus em cada pessoa, especialmente naquelas que mais sofrem.

Então, aqui vai um desafio: da próxima vez que você passar por alguém precisando de ajuda, pergunte a si mesmo: 'E se fosse Jesus ali?' Depois, faça algo, mesmo que pequeno. Pode ser que você mude o dia daquela pessoa, mas o seu também irá mudar."

O amor inabalável de Carlo Acutis pela Igreja e pelo Papa: fé, defesa e compromisso

A grande devoção de Carlo pelo Papa e pela Igreja Católica foi algo intenso e admirável, refletindo o carinho e o amor genuínos que marcaram sua vida desde a infância. Seu vínculo com a Igreja ultrapassava a religiosidade, representando também uma verdadeira paixão pela doutrina católica e por todos os aspectos da vida eclesial.

Em 2000, o *Apóstolo da Internet* teve a oportunidade de realizar sua primeira visita ao Vaticano, durante o Grande Jubileu. Esse momento foi profundamente significativo para ele, já que a figura do Papa João Paulo II sempre foi uma grande inspiração.

A viagem ao Vaticano foi mais que uma simples excursão, foi uma oportunidade de estar mais próximo do centro da Igreja Católica. A experiência no Jubileu de 2000, em Roma, ao lado do Papa, fortaleceu em Carlo a certeza de que a Igreja era o farol da verdade e da fé, constantemente fiel aos ensinamentos de Cristo.

Acutis se destacou também de sua postura firme diante das críticas à Igreja. Em várias ocasiões, ele afirmou que, embora composta de seres humanos imperfeitos, a Igreja era o Corpo Místico de Cristo, guiado pelo Espírito Santo. Ele acreditava, de maneira profunda, na santidade da Igreja, independentemente das falhas de seus membros, e rejeitava qualquer ataque sem fundamento. Para ele o Papa, como sucessor de São Pedro, possuía uma autoridade divina que merecia respeito, e qualquer ataque à Igreja era, em última análise, um ataque à obra de Deus na terra: "Criticar a Igreja significa criticar a si mesmo".

Essa postura refletia sua compreensão da fé como algo que ultrapassa as falhas humanas e as dificuldades temporais. Ele enxergava a Igreja como uma mãe que, apesar de seus erros e pecados, sempre guia seus filhos rumo à salvação em Cristo. Essa visão, clara e convicta, foi uma das contribuições que deixou, especialmente, para os jovens que se inspiram em sua trajetória.

O amor de Carlo pela Igreja e pelo Papa não se restringia às palavras, manifestava-se em sua vida cotidiana, em sua devoção e no compromisso de utilizar a tecnologia para propagar a fé. Para ele essa era uma forma de ajudar os outros a aprofundarem seu conhecimento sobre a fé católica e se aproximarem de Cristo e da Igreja. O jovem santo manteve em sua jornada plena fidelidade, devoção pela Igreja, sendo um exemplo de como o amor ao Papa e à Igreja pode ser vivido de maneira autêntica e profunda, mesmo diante dos desafios e das críticas que sempre acompanharam a Igreja ao longo de toda a história.

O legado de Carlo Acutis: uma jornada de amor e de caridade

O legado de Carlo Acutis é uma prova significativa de como uma vida dedicada à fé pode deixar uma marca duradoura no mundo. Apesar de sua breve jornada neste mundo, conseguiu transmitir valores que continuam a inspirar pessoas ao redor do mundo, especialmente os mais jovens, que veem nele um modelo de virtude, amor ao próximo e extraordinária devoção a Cristo.

Uma das principais heranças de Carlo foi sua oração pelas pessoas de todas as religiões, com um foco especial pelos judeus. Desde cedo, Carlo demonstrou uma sensibilidade notável pelas questões religiosas e pela importância do respeito mútuo. Ele entendia a oração como um meio de unir todos os seres humanos, independentemente de sua crença, por isso rezava com fervor por aqueles que estavam distantes de Cristo, buscando a salvação de todos, com um espírito de misericórdia e de compaixão.

Em uma época marcada por tensões e divisões, ele procurava promover a paz e a harmonia, valorizando as diferenças, mas sem jamais abdicar de sua própria fé católica. Acutis acreditava que, por meio do respeito, seria possível construir um mundo mais solidário e compreensivo, onde as diversas crenças poderiam coexistir em paz.

Outro ponto relevante de sua influência foi sua missão de levar Jesus Cristo ao conhecimento do mundo. Carlo acreditava que o uso da tecnologia era uma maneira eficaz de propagar a fé, especialmente entre os jovens. Ele soube utilizar a internet como uma ferramenta para evangelizar, criando um site sobre os Milagres Eucarísticos, com o objetivo de divulgar e aprofundar o entendimento sobre a presença real de Cristo na Eucaristia. Essa iniciativa não foi apenas uma amostra de seu amor pela Igreja, mas também uma demonstração de como ele usava suas habilidades para cumprir a missão de Cristo em tempos modernos.

A alegria e a caridade com que Carlo vivia sua fé também são aspectos que marcam seu legado. Ele testemunhava sua crença em Jesus não apenas por palavras, mas por ações concretas. Ele se dedicava a ajudar os necessitados, levando alimentos e cobertores para as pessoas em situação de rua e fazendo de sua vida um constante exercício de amor ao próximo. Sua fé não era uma crença isolada, mas uma manifestação de gestos simples e profundos, de generosidade e de cuidado com os mais pobres e marginalizados.

Também defendeu as pessoas excluídas e ignoradas pela sociedade. Durante sua vida escolar, destacou-se, por procurar acolher seus colegas que eram vítimas de *bullying*, mostrando a todos a importância do respeito, da amizade e da inclusão. Ele sabia que, como cristão, seu dever era tratar a todos com dignidade e compaixão, independentemente de quaisquer circunstâncias.

Além desses aspectos, sua vida missionária também foi pautada por sua humildade, sua dedicação à Eucaristia e sua maneira de usar os dons e talentos que Deus lhe concedeu para servir aos outros. Ele era uma pessoa que se dedicava à oração diária e buscava sempre a santidade nas pequenas ações cotidianas.

Inspirados pela vida e pelo exemplo de Carlo Acutis, somos chamados a viver a fé de forma concreta e prática em nosso dia a dia. Ele nos mostrou que a santidade não está reservada apenas aos grandes feitos, mas se constrói nas pequenas atitudes cotidianas, nas escolhas que fazemos a cada momento. Seus desafios espirituais nos convidam a aprofundar nossa relação com Cristo, a viver com generosidade, a ser testemunhas de nossa fé e a buscar a verdadeira felicidade no serviço ao próximo.

Esses desafios não são apenas sugestões, mas convites para transformarmos nossa vida, seguindo o exemplo de Carlo Acutis, que viveu com coragem, alegria e uma profunda confiança no amor de Deus. Ao aceitarmos esses desafios, podemos experimentar um caminho de fé renovada e de verdadeira união com Cristo, enquanto buscamos fazer a diferença no mundo a nosso redor. Eis os desafios espirituais propostos para vivermos melhor nossa jornada de fé e de caridade:

1º) Viver a Eucaristia

Desafio: participe da Missa pelo menos uma vez durante a semana, além do domingo, e faça uma comunhão espiritual diária.

Meditação: Carlo dizia que "a Eucaristia é a autoestrada para o céu". Quanto mais nos aproximamos dela, mais nos unimos a Cristo.

2º) Evangelizar com Criatividade

Desafio: use uma rede social ou meio digital para compartilhar algo sobre a fé cristã, como uma passagem bíblica, oração ou um Milagre Eucarístico.

Meditação: Carlo usou a tecnologia para espalhar o Evangelho. Como podemos ser missionários no mundo digital hoje?

3º) Simplicidade e Caridade

Desafio: realize um ato de caridade concreto nesta semana, como ajudar alguém em necessidade, seja material seja emocionalmente.

Meditação: Carlo se dedicava aos mais necessitados e dizia: "ser sempre unido a Jesus, este é meu plano de vida". A caridade nos une a Ele.

4º) Cultivar o Silêncio e a Oração

Desafio: reserve 15 minutos diários para a oração silenciosa ou a adoração ao Santíssimo.

Meditação: Carlo tinha uma vida de oração constante, mesmo em meio às atividades diárias. Como o silêncio nos ajuda a ouvir a voz de Deus?

5º) Oração pela Santidade

Desafio: reze o Santo Terço ou medite diariamente pedindo a intercessão de Carlo para crescer na santidade.

Meditação: ele dizia: "Ser santo não é uma coisa a mais, mas a única coisa que importa". Como buscamos a santidade em nossas escolhas diárias?

6º) Confiança no Plano de Deus

Desafio: identifique algo que você precisa entregar ao Senhor (uma preocupação, mágoa ou dúvida) e confie isso a Ele em oração.

Meditação: Carlo viveu sua doença com serenidade, dizendo: "Estou feliz por morrer porque vivi minha vida sem perder um minuto com coisas que não agradam a Deus".

7º) Valorização da Família

Desafio: faça um gesto concreto de amor e reconciliação com um membro de sua família.

Meditação: Carlo sempre valorizou e respeitou sua família, vendo nela um reflexo da presença de Deus. Como podemos melhorar nossos laços familiares?

8º) A Alegria da Santidade

Desafio: encontre alegria nas coisas simples do dia a dia e leve-a para quem está a seu redor.

Meditação: Carlo era alegre e dizia: "tristeza é olhar para si mesmo; felicidade é olhar para Deus". Onde está nosso olhar?

O legado de Carlo Acutis é, portanto, um convite para todos viverem a fé com coragem, alegria e generosidade. Seus pensamentos e suas atitudes demonstram que não é necessário ser um grande líder ou ter uma vida longa para fazer a diferença. Basta ser fiel aos ensinamentos de Cristo, amar ao próximo e usar as oportunidades que a vida oferece para construir um mundo mais justo e solidário, repleto de amor e de esperança.

"O Senhor deu-me um despertar": a jornada para a eternidade

Embora tivesse apenas quinze anos, Carlo Acutis estava preparado para o ápice de sua jornada: o encontro definitivo com a Santíssima Trindade. No começo de outubro de 2006, diagnosticaram o jovem com uma aparente gripe, contudo a gravidade da doença ia muito além, pois tratava-se de leucemia do tipo M3, uma forma agressiva da enfermidade da qual raramente se cura.

Os pais recordam que, dias antes de ser internado, enquanto estavam com o filho no quarto, ouviram-no dizer: "Ofereço todo o sofrimento que haverei de padecer no Senhor pelo Papa e por toda a Igreja, para não ir ao Purgatório e entrar diretamente no Céu". Naquele momento, não deram tanto significado às palavras de Carlo, contudo, com o passar do tempo, tudo começou a fazer sentido.

A preocupação de Antonia e Andrea se intensificou, principalmente, porque, quatro dias depois do diagnóstico de possível gripe, Carlo mencionou aos pais a presença de sangue em sua urina. Após aconselhamento do médico para realizar um urgente exame laboratorial, o resultado da amostra não indicou infecção no trato urinário. Porém Carlo não melhorou.

No domingo de manhã, o adolescente sentiu uma intensa fraqueza, motivo pelo qual seus pais chamaram seu pediatra, que solicitou imediata internação em um hospital especializado em doenças de sangue em crianças.

Logo após a descoberta da doença, os médicos deram a lamentável notícia para Antonia e Andrea, que não acreditavam que seu filho estava prestes a morrer em tão pouco tempo. Conforme as leis italianas, o jovem deveria estar ciente da doença e do longo tratamento pelo qual deveria passar. Assim que lhe contaram a verdadeira enfermidade que possuía, todos admiraram a serenidade mantida. Ele, em seguida, dirigiu as seguintes palavras aos pais: "O Senhor deu-me um despertar".

Poucas horas depois de Carlo adentrar a unidade de terapia intensiva, puseram em sua cabeça uma máscara para melhorar sua respiração. No entanto isso foi motivo de sofrimento para o adolescente, pois o incômodo era tanto que era impossível expectorar quando tossia.

O médico responsável por Carlo decidiu transferi-lo para o hospital San Gerardo di Monza, por este possuir um centro especializado para tratar leucemia. Nessa clínica, a mãe e a avó materna podiam dormir com ele no quarto. Para o jovem ter a presença delas a seu lado era um *presente de Deus*. Foi nesse hospital que um sacerdote lhe administrou o Sacramento da Unção dos Enfermos, a pedido de Carlo.

Os médicos e as enfermeiras ficaram muito impactados com o comportamento manifestado por Acutis, pois ele estava totalmente resiliente diante da dor e da terrível doença, sem reclamar e sempre sorridente. Além disso, com o passar das noites, preocupou-se muito se sua mãe estava dormindo o suficiente, inclusive, questionava as enfermeiras se não estavam exaustas pelo esforço para movê-lo na cama. Segundo os médicos, as dores provocadas pela leucemia M3 são terríveis; desse modo, uma médica o indagou se estava sofrendo muito. Ele respondeu com brandura: "Há quem sofra muito mais que eu".

No dia seguinte, após as 14h, Carlo Acutis entrou em coma e conduziram-no para a sala intensiva, onde realizaram a lavagem especial do sangue, na qual se separaram os glóbulos vermelhos dos brancos. O procedimento transcorreu bem, porém, logo após, o jovem teve uma hemorragia cerebral e faleceu. Foi impossível a doação de seus órgãos, porque estavam totalmente comprometidos. O corpo clínico decidiu não desligar o respirador até o momento em que o coração viesse a parar de bater sozinho. Desse modo, a morte cerebral aconteceu no dia 11 de outubro de 2006, e seu coração parou de bater às 6h45, no dia 12 de outubro, dia da vigília da última aparição de Fátima e dia de Nossa Senhora Aparecida.

Sem dúvida, até nos momentos finais, Carlo pensou nos outros, mesmo quando ficou com as pernas inchadas e os braços repletos de fluídos. As pessoas mais próximas do jovem são unânimes em afirmar que sua resiliência diante de tanto sofrimento e de terrível doença foi manifestação inquestionável de santidade.

Antonia e Andrea obtiveram permissão para levar o corpo do filho para casa. Carlo foi colocado em seu quarto e, durante os três dias de velório, as visitas se multiplicaram. Muitos não conseguiram chegar perto do santo jovem, pois era uma grande multidão. Havia vários imigrantes, amigos de Carlo, que pertenciam a diversas religiões, os quais a família não conhecia. Inúmeras testemunhas ficaram maravilhadas com o fato de o corpo de Carlo emanar um suave perfume de lírios. O funeral aconteceu no dia 14 de outubro de 2006, na igreja de Santa Maria Segreta.

Assim que o sacerdote deu a bênção final, "Ide em paz e que o Senhor vos acompanhe", os sinos começaram a badalar como em grande festa, pois, por coincidência, a missa terminou meio-dia em ponto. Sem dúvida, sinal de que Carlo estava junto de Deus, na presença de seu Amado Jesus. Sepultaram seu corpo no túmulo da família em Ternengo, na província italiana de Biella; em 2007, seus restos mortais foram transferidos para o cemitério de Assis, como era seu desejo.

Curiosamente, algumas semanas depois, Antonia encontrou um vídeo do filho, gravado dois meses antes de sua morte, no qual dizia, surpreendentemente, ao fim: "Ganhei setenta quilos e estou destinado a morrer".

Sua morte não trouxe o fim da lembrança de sua efêmera vida, pois sua generosidade e seu carisma permanecem, vibrantemente, gravados na mente e no coração das pessoas que tanto o amavam. No mundo inteiro, pessoas recorrem a sua intercessão, porque reconhecem a santidade desse autêntico discípulo de Cristo.

Com o passar dos anos, a notícia de sua íntegra e santa vida percorreu os quatro cantos do mundo. Existem colégios nomeados em sua homenagem, inúmeros grupos de oração juvenis foram criados em sua memória, seguindo a espiritualidade. Além disso, as exposições de Carlo se disseminaram por diversos países e têm conquistado extraordinário reconhecimento: *Os Milagres Eucarísticos no Mundo; Os Apelos da Virgem Maria, Aparições e Santuários Marianos no Mundo; Anjos e Demônios; Inferno, Purgatório e Paraíso.*

A Associação Amigos de Carlo Acutis – criada para divulgação da espiritualidade do jovem – recebe milhares de cartas, pedidos de material e e-mails, diariamente, além de ser responsável pelo auxílio às obras de caridade e pela construção de um orfanato em parceria com os Bispos da Tanzânia e com a Associação Cristãos no Mundo.

Enfim, é espetacular como a história da vida virtuosa de Carlo se difundiu, celeremente; logo, a devoção ao *Apóstolo da Internet* também se propagou pelo mundo inteiro.

5

"EVANGELIZAÇÃO POR WI-FI"

"Se acha que ser santo é coisa de gente séria demais, acho que vou surpreender você. Eu também pensava assim, até perceber que, se Deus nos criou, queria que fôssemos felizes. Ele não fez o mundo monótono e sem graça; pelo contrário, deu-nos dons, talentos e o desejo de buscar aquilo que nos faz vibrar. Então, por que não usar exatamente o que eu amava para falar sobre Ele? Foi isso que eu comecei a fazer!

Sempre fui fascinado por tecnologia. Computadores, internet, essas coisas. Eu sabia que a tecnologia tinha um poder incrível de conectar as pessoas, de compartilhar ideias e, mais importante ainda, de espalhar algo que fosse de verdade. Assim, surgiu uma ideia: por que não usar o que eu sabia e amava para ajudar as pessoas a se aproximarem de Deus, de um jeito novo, moderno, que tocasse o coração delas na mesma velocidade que os cliques na tela?

Foi assim que eu criei um site para contar o que eu achava mais impressionante: os Milagres Eucarísticos que aconteceram em diversas partes do mundo.

Você sabia que existem registros de hóstias que sangraram de verdade ou até mesmo se transformaram em carne humana? Pode parecer história de filme, mas é real, muito real! Eu queria que todo mundo soubesse disto: que esses milagres não eram apenas lendas, mas sinais vivos de que a presença de Cristo na Eucaristia é algo concreto, algo que transforma.

E sabe o que eu achava mais legal? O que me motivava a compartilhar essas histórias não era só mostrar fatos incríveis, mas convidar as pessoas a experimentarem a fé de uma maneira mais profunda. Não é porque você não tem um site ou um computador que não pode usar suas paixões, suas habilidades e seu jeito de ser para espalhar o amor de Deus.

Pense bem: as redes sociais, as mensagens que você manda, as coisas que você posta... tudo isso é uma ferramenta poderosa para fazer o bem, para inspirar, para trazer luz ao mundo! Não precisa ser um site de milagres, mas que tal compartilhar uma mensagem de fé, um gesto de carinho, uma palavra de esperança? O que você pode fazer com o que tem a seu alcance? Talvez um simples 'bom dia' com um versículo que tocou seu coração ou até mesmo uma oração compartilhada podem ser o ponto de partida para algo muito maior.

Deus quer que sejamos felizes e que compartilhemos essa felicidade. A fé não é algo restrito, nem deve ser algo sério e distante. É um caminho de alegria, de vida e de amor que se espalha. Então, que tal tentar? Vamos fazer juntos, de nosso jeito, com nossas habilidades e transformar esse mundo com um pouco mais da presença de Deus!"

Milagres Eucarísticos: o Mistério do Amor revelado no altar

Na exposição do jovem Carlo, foram apresentados 136 Milagres Eucarísticos, que evidenciam a presença real de Jesus na Eucaristia. A seguir, destacam-se cinco desses prodígios para você conhecer o magnífico trabalho de Acutis e para aprofundar seu amor pelo Santíssimo Sacramento.

Primeiramente, apresenta-se o *Milagre de Lanciano*: ocorrido no século VIII, na Itália, um dos mais famosos. Nele uma hóstia consagrada se transformou em carne e sangue visíveis, durante a missa. Em seguida, nós nos emocionaremos com o inexplicável *Milagre Eucarístico de Rimini*, em 1227, que aconteceu na presença de nosso querido Santo Antônio. Certo homem herético, convicto da inexistência de Cristo na Hóstia Consagrada, propôs um desafio ao frade, e o Senhor demonstrou seu poder majestoso sobre sua criatura.

Por seguinte, conheceremos o *Milagre de Santarém*. Em 1247, uma mulher enciumada e possessiva solicitou os serviços de uma feiticeira. Acatando o pedido maléfico da bruxa, a jovem foi à igreja local para obter o componente principal daquela poção: uma Hóstia Consagrada. Inesperadamente, um evento sobrenatural aconteceu. Por causa disso a esposa se viu obrigada a confessar ao marido a grave transgressão, e o casal decidiu procurar auxílio do sacerdote. Ainda conheceremos o *Milagre Eucarístico de Betânia*: em 1991, uma manifestação divina nos concedeu o privilégio de uma filmagem no exato momento em que a Hóstia sangrou e pulsou como um "coração em chamas"; logo a emoção aflorou e a fé eternizou-se.

Por último, nós nos surpreenderemos com o *Milagre de Buenos Aires*: um dos maiores Prodígios Eucarísticos da atualidade, cuja investigação da veracidade do evento foi solicitada pelo então arcebispo de Buenos Aires, Dom Jorge Mario Bergoglio, nosso amado papa Francisco.

Esses milagres são testemunhos da fé e da sacralidade inquestionável da Eucaristia, colecionados por Carlo Acutis para fortalecer nossa devoção e nosso amor pela presença real de Jesus Sacramentado.

1º) Milagre Eucarístico de Lanciano (Itália, 750)

Por volta dos anos 750 d.C., a prova real da presença do Senhor no Pão e Vinho nos foi oferecida pelo próprio Cristo, em Lanciano, região de Abruzzo.

Em uma manhã de domingo, havia um incrédulo monge, morador do mosteiro de São Legoziano, descrente da transubstanciação, isto é, da conversão do pão e vinho, respectivamente, em Corpo e Sangue de Cristo, ainda que essas espécies eucarísticas permaneçam inalteradas. Durante a missa, após pronunciar as palavras da Consagração, foi surpreendido com a transformação da Hóstia em Carne e do Vinho em Sangue.

Desconcertado e confuso diante de tamanha revelação de Deus, o sacerdote se dirigiu a toda a assembleia: "Ó bem-aventuradas testemunhas, diante de quem, para confundir a minha incredulidade, o Santo Deus quis desvendar-se neste Santíssimo Sacramento e tornar-se visível a nossos olhos! Vinde, irmãos, e admirai nosso Deus que se aproximou de nós! Eis aqui a Carne e o Sangue de nosso Cristo muito amado!" Todos se comoveram diante do Milagre Eucarístico e, entre choros e clamores, pediam a misericórdia divina pela fé vacilante de seus corações.

As sagradas relíquias ficaram protegidas em um tabernáculo de marfim. De 1713 até os dias atuais, a Carne está contida em um ostensório de prata, e o Sangue, conservado em um pomposo cálice de cristal de rocha. Desde 1902, o Corpo e o Sangue do Senhor estão abrigados no segundo sacrário do altar monumental, construído pelo povo de Lanciano, no centro do presbitério da igreja de São Francisco.

A Carne apresenta uma tonalidade parcialmente escura, mas tem a aparência rósea, ao ser iluminada pelo lado oposto, e a textura fibrosa. Enquanto o Sangue possui a coloração terrosa, coagulado em cinco partes de formas e tamanhos diferentes. Incrivelmente, embora sejam desiguais, esses fragmentos sanguíneos possuem o mesmo peso estando unidos ou separados.

Para a aprovação eclesiástica do Milagre Eucarístico, rigorosas e minuciosas análises laboratoriais foram realizadas por vários especialistas, e todos dão a mesma conclusão: as relíquias são carne e sangue de um ser humano.

Em novembro de 1970, por solicitação de Dom Perantoni – bispo de Lanciano naquela ocasião –, do ministro da província dos Franciscanos Conventuais do Abruzzo e com permissão de Roma, o Corpo e Sangue foram submetidos a exames científicos, realizados pelo professor Eduardo Linoli, docente de anatomia, histologia, química e de microscopia, com participação do professor Ruggero Bertelli, da Universidade de Sena. As amostras foram colhidas em 18 de setembro de 1970 e, após exames em laboratório, o professor Linoli apresentou pormenores dos estudos realizados, no dia 4 de março de 1971. Eis as conclusões principais:

– A Sagrada Carne é verdadeiramente carne, formada pelo tecido muscular do coração (contém miocárdio, endocárdio e o ventrículo cardíaco do miocárdio);

– O Sagrado Sangue é verdadeiramente sangue, verificado no exame cromatográfico;

– Pelo estudo imunológico, foi certificado que a carne e o sangue são indiscutivelmente de origem humana;

– Pelo exame imunoematológico, sangue e carne pertencem ao mesmo grupo sanguíneo AB, característico do povo do Oriente Médio, e o mesmo tipo sanguíneo encontrado no Santo Sudário de Turim;

– Extraordinariamente, a carne e o sangue mantêm-se conservados em seu estado natural por mais de doze séculos, mesmo expostos a agentes físicos, biológicos e atmosféricos;

– A carne e o sangue são de uma pessoa viva, como se eles tivessem sido extraídos de um ser humano vivo no mesmo dia.

Em 1973, o Conselho Superior da Organização Mundial da Saúde (entidade da ONU) realizou experiências de controle para verificar a veracidade dos resultados, diante das conclusões do professor Eduardo Linoli. Com duração de quinze meses e com quinhentos exames realizados, a conclusão da comissão científica da ONU foi igual àquela divulgada na Itália pelo professor Linoli, com alguns complementos.

Desse modo, comprovaram que o fragmento de carne e de sangue, coletados em Lanciano, jamais poderia ser equiparado a tecidos mumificados; sua conservação em vidro e sem conservantes é inexplicável pela ciência. Além disso, os cientistas afirmaram, sem dúvidas, que o fragmento pertence a um tecido vivo, pois reage de imediato às reações clínicas específicas dos seres vivos.

Esses trabalhos científicos foram divulgados em Nova Iorque e em Genebra, em dezembro de 1976, e surpreenderam pela conclusão: *a ciência está consciente de seus limites, perante a impossibilidade de conseguir explicar o Milagre Eucarístico de Lanciano.*

Enfim, a Sagrada Carne de Lanciano é um tecido cardíaco, simbolizando o triunfante Amor testemunhado a cada filho de Deus. Com certeza, no Sacramento da Eucaristia, recebemos o Corpo inteiro de Cristo, mas seu Dulcíssimo Coração nos é revelado como oferta principal de seu infinito Amor. O Milagre de Lanciano possibilita nossa compreensão de que Cristo realmente está Vivo na Eucaristia, no eterno mistério do Amor revelado no altar.

2º) Milagre Eucarístico de Rimini (Itália, 1227)

Na cidade italiana de Rimini, havia um homem, chamado Bonovillo, contrário ao Sacramento da Eucaristia. Sua insolência o conduzia a profanar o Corpo de Cristo, presente na Hóstia Santa. Felizmente, o blasfemador teve o privilégio de conviver com o franciscano Fernando Martins de Bulhões Taveira Azevedo, o Santo Antônio de Pádua.

O frade estava a ponto de conseguir a conversão do coração cético de Bonovillo, contudo, por escutar maus conselhos, decidiu desafiar o sacerdote com a seguinte proposta: deixaria sua mula três dias sem se alimentar, em seguida, traria o animal até o franciscano. Caso o muar rejeitasse a comida ofertada e, ainda, ela se prostrasse diante do Santíssimo Sacramento, ele seria eternamente propagador da fé cristã. Iluminado pela vontade divina, Santo Antônio consentiu o desafio do herético.

Imensa multidão concentrava-se no local marcado, na Praça Grande (atualmente, Praça dos Três Mártires). Ao lado de Santo Antônio, os fiéis ansiavam por um prodígio, enquanto os seguidores de Bonovillo almejavam o constrangimento do franciscano.

Trouxeram a mula esfomeada, colocando o alimento a sua frente. Logo, Santo Antônio aproximou-se do animal com o ostensório e dirigiu as palavras: "Em nome do Criador que, por mais que eu seja indigno, te ordeno, avança ligeiramente com o devido respeito e rende obediência ao Senhor; para que os cruéis e os hereges percebam que todos os seres viventes devem render-se diante do Criador, que está nas mãos dos sacerdotes sobre o altar".

Eis o evidente milagre: a mula recusou a comida, afastou-se do alimento servido e aproximou-se com brandura diante do Corpo de Cristo, dobrando as patas dianteiras. Realmente, ficaram maravilhados com o poder do Altíssimo, e Bonovillo ajoelhou-se, pedindo perdão a Deus pela grave blasfêmia e transgressão cometidas contra o Sacramento da Eucaristia. Tomado por intensa conversão, aquele pecador transformou-se em renovado homem, auxiliar de Santo Antônio em sua missão evangelizadora.

3º) Milagre Eucarístico de Santarém (Portugal, 1247)

Em Santarém, havia uma mulher transtornada pelo incontrolável ciúme do marido. Então, a jovem procurou os trabalhos de uma bruxa para conseguir o tão almejado feitiço de amor. A feiticeira exigiu uma Hóstia Consagrada.

Desesperada, a esposa dirigiu-se à igreja de Santo Estêvão e roubou a Partícula, depositando-a em um lenço, porém, logo após envolver a Hóstia, o pano ficou totalmente ensanguentado. Quando chegou a sua casa, por receio de ser descoberta pelo marido, guardou aquela Hóstia em uma gaveta, pensando que jamais ele a acharia.

Entretanto, durante a noite, um forte clarão saiu do móvel, e toda a residência encheu-se de luz, como se já fosse dia. Sem saída, a mulher confessou a atitude transgressora e desrespeitosa contra o Corpo de Cristo. Ao amanhecer, o casal comunicou o padre sobre a perceptível transubstanciação, e ele transportou a milagrosa Hóstia de volta à igreja, em uma procissão memorável.

Inacreditavelmente, a Hóstia sangrou durante os três dias seguintes e depositaram o Corpo Eucarístico do Senhor em um relicário fabricado com cera de abelhas. Quase um século depois, no ano de 1340, constatou-se mais um Prodígio: certo padre observou que o recipiente de cera estava totalmente fragmentado e, em seu lugar, havia se formado um cálice de cristal, sem qualquer explicação lógica. Dentro desse frasco, estava armazenado Sangue e cera.

Atualmente, as duas relíquias (Corpo e Sangue) estão expostas em um Trono Eucarístico do século XVIII, no altar principal da igreja de Santo Estêvão, templo conhecido como o Santuário do Santo Milagre. No passar dos séculos, em inúmeros momentos, a Carne jorrou Sangue, além de aparecer nela a imagem de Cristo.

Desde o dia da manifestação prodigiosa naquela casa, todos os anos, uma procissão solene é realizada em honra ao Corpo e Sangue de Nosso Senhor, no segundo domingo de abril, conduzindo o Santo Relicário da residência do casal – transformada em igreja em 1684 – até o Santuário de Santo Estêvão.

4º) Milagre Eucarístico de Betânia (Venezuela, 1991)

Padre Otty celebrava a Santa Missa, à meia-noite, do dia 8 de dezembro de 1991, no Santuário Mariano de Finca Betânia, em Cúa, Venezuela. Depois de dividir a Hóstia Magna em 4 pedaços, depositou os fragmentos na patena. Ao abaixar a cabeça e fixar o olhar no prato, foi surpreendido com o sangramento de uma das partes da hóstia. Apresentava mancha avermelhada e soltava um líquido rúbeo, como sangue, de uma ferida. Terminada a celebração, cuidadosamente, o pároco observou aquele extraordinário prodígio na sacristia.

No outro dia, às 6 da manhã, o sangue, que ainda pingava, de repente começou a secar. Na noite anterior, os fiéis notaram que padre Otty não tinha ferimentos para derramar sangue na hóstia consagrada. Além disso, houve comprovação laboratorial de que o líquido avermelhado não condizia com o sangue do sacerdote.

Por estudos rigorosos solicitados pelo bispo de Los Teques, concluiu-se que o sangue encontrado na hóstia milagrosa era de origem humana e do tipo AB positivo, o mesmo evidenciado na amostra sanguínea contida no manto do Sudário de Turim e, também, no Milagre Eucarístico de Lanciano.

Milhares de romeiros, vindos de todas as regiões da Venezuela e do mundo inteiro, adoram essa Sagrada Hóstia, abrigada no convento das freiras agostinianas do Sagrado Coração de Jesus, em Los Teques. Em uma dessas visitas à capela de adoração perpétua, o jovem norte-americano Daniel Senford conseguiu filmar outro momento miraculoso: aberta a porta do tabernáculo, a Hóstia Prodigiosa tornou-se incandescente e continha um movimento pulsante, com um sangramento no centro da partícula. O rapaz teve a dádiva de gravar em sua filmadora uma parte do episódio celestial, o qual durou aproximadamente meio minuto. Logo após, o Corpo Eucarístico de Cristo voltou ao estado normal.

As leis naturais e a ciência não conseguem explicar esse episódio fomentador de nossa fé. Todo Milagre Eucarístico evidencia a Verdade: Ele veio ao mundo, morreu, ressuscitou e sempre cumpre sua promessa – "Eu estou convosco todos os dias, até o fim do mundo!" (Mt 28,20)

5º) Milagre Eucarístico de Buenos Aires (Argentina, 1996)

No dia 15 de agosto de 1996, padre Alejandro Pezet celebrava a missa da festa da Assunção da Virgem Maria. Ao findar da repartição da Santa Comunhão, aproximou-se alguém, comunicando ter encontrado uma partícula desprezada em um dos cantos da igreja, jogada no chão.

O sacerdote a colocou em um recipiente com água, guardando no tabernáculo, até a dissolução. Em 26 de agosto, um ministro da Eucaristia abriu aquele sacrário, mas a Hóstia não havia se decomposto, além de transformar-se em uma matéria ensanguentada. No transcorrer dos dias, as manchas de sangue aumentaram ainda mais. Assim, Dom Jorge Mario Bergoglio – nosso querido Papa Francisco – foi comunicado, solicitou o comparecimento de um fotógrafo para registrar aquele prodígio.

O Corpo de Cristo permaneceu no tabernáculo durante anos, em absoluto sigilo. Visto que não se observou decomposição da Partícula, o arcebispo decidiu iniciar o processo de análise científica.

Os cientistas não sabiam a origem daquela matéria, mas foi revelado após a análise. Estudos laboratoriais, coordenados pelo doutor Ricardo Castañon Gomez, apontaram que a matéria retirada da Hóstia fazia parte do ventrículo esquerdo do coração de um ser humano de tipo sanguíneo AB.

Além disso, encontraram naquela amostra glóbulos brancos, como se aquela matéria tivesse sido retirada de um coração ainda pulsante. Incrível a constatação desses glóbulos na matéria analisada, pois, fora do corpo humano, os leucócitos se desintegram depois de quinze minutos, e anos se passaram e ainda se mantêm presentes.

A investigação realizada pelos cientistas de diferentes países foi incapaz de esclarecer como uma Hóstia Consagrada pôde converter-se em sangue e carne humanos. Um episódio enigmático para a ciência, um Mistério Eucarístico incompreensível aos incrédulos, mas decifrável aos olhos de quem crê na presença real de Cristo na Sagrada Comunhão.

Conselho especial da mãe de São Carlo Acutis, Antonia Salzano, a todos os jovens do mundo

(Entrevista concedida ao padre Antonio Furtado, em Assis)*

"Eu peço que vocês amem a Eucaristia, que Carlo dizia: *'a Eucaristia é minha autoestrada para o Céu'*. O centro de sua vida deve ser Jesus. Os Sacramentos são os meios de que o Senhor se utiliza para nos dar a graça. Carlo Acutis, todas as semanas, confessava-se, todos os dias ia à missa, fazia adoração eucarística antes ou depois da missa. Ele dizia: 'nós somos muito mais felizes do que aqueles que viram Jesus há dois mil anos, pois, naquele tempo, para se chegar até Jesus se devia caminhar muito; muitas vezes, era difícil chegar perto de Jesus. Porém, nós temos em cada igreja, perto de nossa casa, uma Jerusalém em que podemos encontrar todos os dias Jesus'.

Ele nos prometeu que estaria conosco todos os dias até o fim dos tempos. E ele realiza essa promessa porque Ele está presente no pão e no vinho consagrados. Onde tem um sacrário, mesmo que não o vejamos, ali está a presença real de Deus no meio de nós: esse era o motivo da felicidade de Carlo. Se Jesus está no meio de nós, não devemos ter medo de nada.

Ele dizia também: 'fazem-se filas, horas e horas, para ver um show ou uma partida de futebol, porém não há essa fila de gente diante do sacrário'. Nós devemos colocar Jesus no centro de nossa vida. Tudo que Carlo fazia era em Jesus, com Jesus e por Jesus. Uma vida ordinária, um rapaz normal, que, quando colocou Jesus no centro da própria vida, tornou-a extraordinária.

Também vocês são chamados a serem santos, vocês podem fazê-lo! O importante é colocar Deus em primeiro lugar. Outra coisa importante: Carlo Acutis rezava o Rosário todos os dias, porque Deus quis dar ao terço graças especiais, e Nossa Senhora prometeu que estaria sempre perto daqueles que rezassem o terço, um caminho seguro até a eternidade.

Quando nós fazemos a comunhão, dizia Carlo, não somos mais a mesma pessoa, porque Jesus está dentro de nós sob a espécie do pão por quinze minutos. Nesse tempo Ele opera coisas extraordinárias: purifica-nos, santifica-nos. Depois passa a fazer parte de nosso DNA, de nosso sangue e nos transfigura, como aconteceu no Monte Tabor, quando Pedro, Tiago e João viram-no todo luminoso; acontece a mesma coisa quando comungamos.

Dizia Carlo: 'se eu estou em um deserto, com muita sede e, se ao mesmo tempo encontro oásis com água fresca, se eu tenho um pequeno copo, posso pegar pouca água. Mas, se tenho um grande recipiente, posso pegar mais água e dar também às outras pessoas. E isso é o que acontece quando nós comungamos, nós podemos aumentar nosso amor a Jesus e ao próximo'. Jesus nos dará muitas graças, Jesus agirá sempre no Santíssimo Sacramento, porém cabe a nós fazermos um esforço para receber mais e mais graças quando o comungamos e o adoramos.

Carlo se confessava todas as semanas, porque nós devemos confessar não somente os pecados mortais, mas também os pecados veniais, senão vamos ser iguais aos balões, que permanecem na terra e sem forças para subir para o céu. De fato, Carlo dizia que 'nossa alma é parecida com um balão que sobe para o alto'. Quando se faz uma boa confissão, é como o balão, em que, ao acender o fogo, começa o vapor para subir para o céu. Certo momento, o balão para no céu, por não ter mais ventos. Para que continue a subir, é necessário jogar fora o peso excessivo, que está lá dentro, que são os pecados veniais.

A Igreja declara que uma pessoa é santa quando ela vive as sete virtudes de modo profundo e heroico. O que significa viver uma virtude heroica? Não cometer os pecados veniais. Carlo dizia: 'todos nós nascemos originais, mas muitos morrem como fotocópia'. Depois ele dizia, 'não eu, mas Deus'; 'não o amor-próprio, mas a glória de Deus'; 'a tristeza é o olhar voltado para si mesmo e a felicidade é o olhar voltado para Deus'.

Jovens, eu recomendo: *todos santos*!

Eu saúdo vocês; rezem por mim!"[1]

Beatificação: o primeiro milagre de Carlo Acutis

Em um dia marcado por uma luz de esperança e fé, o milagre atribuído à intercessão de Carlo Acutis se tornou o pilar fundamental para sua beatificação, tocando os corações de muitas pessoas ao redor do mundo. O evento extraordinário ocorreu em 2010, no Brasil, envolvendo uma criança chamada Matheus Viana, que estava gravemente doente, mas que, graças à devoção e à fé, experimentou uma cura inexplicável, que se tornou um testemunho poderoso do intermédio de Carlo Acutis.

Matheus, com apenas dois anos de idade, havia sido diagnosticado com uma rara e grave doença chamada pâncreas anular, uma má-formação genética que comprometia o funcionamento de seu pâncreas e causava sérios problemas digestivos. A doença impedia seu corpo de processar corretamente os alimentos, gerando complicações que levavam a vômitos constantes e inchaço abdominal. Era um quadro desesperador para

[1] Rádio Shalom Oficial | Pe. Antonio Furtado. Padre Antonio Furtado entrevista Antonia Salzano (Mãe de Carlo Acutis). YouTube, 13 de outubro de 2022. Disponível em: https://www.youtube.com/watch?v=CTpLKb5jG44

a família, que via o pequeno Matheus em uma luta constante pela vida, sem respostas claras dos médicos e sem alternativas terapêuticas eficazes.

Foi nesse cenário de desespero e aflição que a mãe de Matheus, Luciana Viana, em um gesto de confiança e esperança, decidiu levar seu filho até a Capela Nossa Senhora Aparecida, em Campo Grande, MS. A capela havia recebido, naquele dia, a relíquia de Carlo Acutis, que se tornaria exemplo de fé, especialmente por sua devoção à Eucaristia e seu uso das novas tecnologias para evangelizar. Luciana sentia uma profunda necessidade de pedir a intercessão de Acutis, que, mesmo após sua morte, se tornara uma luz de fé para muitos.

Em 12 de outubro de 2010, o momento da visita à capela parecia simples, mas carregado de significados profundos. Matheus, com os olhos curiosos e inocentes de uma criança, tocou a relíquia de Carlo Acutis em um gesto de confiança e de pureza. O que aconteceu a seguir deixou todos sem palavras.

Em um intervalo de tempo surpreendentemente curto, o quadro de saúde de Matheus, que se deteriorava rapidamente, começou a apresentar uma melhora inexplicável. O pâncreas anular, que antes provocava complicações graves e dolorosas, foi miraculosamente curado. Os sintomas desapareceram e, de forma magnífica, Matheus voltou a ser uma criança saudável, sem necessidade de intervenção cirúrgica ou de tratamentos adicionais.

A cura foi considerada um milagre pelos médicos que acompanharam o caso, uma vez que não havia explicação científica para a recuperação tão rápida e completa de Matheus. O evento foi cuidadosamente investigado por uma comissão de especialistas e pelo Vaticano, que, após análise minuciosa, reconheceu o ocorrido como um milagre atribuível à intercessão de Carlo Acutis. Esse milagre se tornou o pilar essencial para sua beatificação, que foi oficializada em 10 de outubro de 2020, quando o Papa Francisco aprovou o reconhecimento de sua santidade e o milagre como sinal de sua virtude.

A cura de Matheus, além de trazer um alívio imenso para sua família, tornou-se um testemunho de fé viva, mostrando ao mundo o poder da oração e da intercessão de um jovem que, com sua vida e seu exemplo, continuou a tocar os corações de muitos, mesmo depois de sua morte precoce. Carlo Acutis, que sempre se dedicou à Eucaristia e à evangelização digital, foi assim reconhecido não apenas como um modelo de santidade, mas também como um intercessor poderoso diante de Deus, capaz de operar milagres, que, pelo poder de Cristo, continuam a inspirar e transformar vidas.

Esse milagre não foi apenas um alívio para Matheus e sua família, mas também um sinal para o mundo de que a fé, a confiança e a oração podem abrir portas para o extraordinário, especialmente quando confiamos na intercessão dos santos. E a vida de Carlo Acutis, com sua simplicidade e profunda devoção, segue sendo um farol de luz para todos os que buscam viver com fé, amor e gratidão a Deus.

Canonização: o segundo milagre de Carlo Acutis

O segundo milagre atribuído à intercessão de Carlo Acutis, responsável por sua canonização, é um testemunho poderoso de fé e de esperança que superou até as previsões mais pessimistas da medicina. Esse milagre envolveu a jovem costarriquenha Valeria Valverde, de apenas 21 anos, cuja vida foi transformada pela intervenção de Carlo Acutis.

Valeria estava estudando em Florença, na Itália, desde 2018. Em julho de 2022, vivia um momento de normalidade juvenil, quando, em um simples passeio de bicicleta, sua vida se transformou drasticamente. Durante um trajeto pelo centro da cidade, ela perdeu o controle da bicicleta e sofreu uma grave queda. O impacto foi tão severo que causou um traumatismo craniano devastador.

Como seu quadro era crítico, a jovem foi imediatamente levada ao hospital, onde os médicos informaram a sua família que sua situação era desesperadora. Ela precisaria passar por uma craneotomia de urgência para tentar salvar sua vida, e os médicos alertaram que a jovem poderia falecer a qualquer momento.

O diagnóstico era sombrio, e a família de Valeria foi tomada por um desespero profundo. Nesse cenário, sua mãe, Liliana, tomou uma decisão corajosa e movida pela fé: peregrinou até Assis, onde o Beato Carlo Acutis estava sepultado. Era um ato de confiança e devoção.

No dia 8 de julho de 2022, enquanto sua filha lutava pela vida na UTI em Florença, Liliana, com o coração pesado e a alma cheia de esperança, fez uma oração fervorosa diante do túmulo de Carlo Acutis. Ela confiou a vida de sua filha a ele, pedindo sua intercessão, e deixou uma carta escrita à mão com seu pedido: a cura de Valeria.

Naquele mesmo dia, enquanto a mãe estava em Assis, um milagre extraordinário aconteceu. Valeria, que estava em estado de coma profundo e com todos os sinais vitais comprometidos, de repente começou a respirar espontaneamente. Os médicos, que haviam perdido toda a esperança, não conseguiam entender como, contra todas as expectativas, ela havia reagido.

No dia seguinte, os sinais de recuperação foram ainda mais notáveis: a mobilidade dos membros superiores da jovem voltou, e ela também começou a recuperar parcialmente a capacidade da fala. Para os médicos essa melhora foi inexplicável, parecendo ser um sinal de que algo extraordinário estava acontecendo.

Em 18 de julho de 2022, apenas 10 dias após a peregrinação de sua mãe a Assis, Valeria foi liberada da unidade de terapia intensiva. Os resultados de uma tomografia computadorizada foram ainda mais impressionantes: a contusão hemorrágica no cérebro da jovem desaparecera completamente. A recuperação foi tão rápida e tão completa que surpreendeu até os médicos mais experientes.

Contra todas as previsões, Valeria passou apenas uma semana na fisioterapia e, em setembro de 2022, dois meses após o acidente que quase lhe custou a vida, fez uma peregrinação a Assis com sua mãe. Juntas, elas foram agradecer a cura milagrosa que havia sido realizada pela intercessão do então Beato Carlo Acutis.

Esse milagre, que se desenrolou com uma sequência de eventos extraordinários, foi investigado minuciosamente pelo Vaticano e reconhecido como um sinal da santidade de Carlo Acutis. A cura de Valeria foi considerada inexplicável pela ciência, e o evento se tornou um pilar essencial para o processo de canonização de Carlo Acutis, que foi proclamado bem-aventurado em 2020.

Essa história é mais do que um simples relato de cura, é um testemunho de como a fé e a devoção podem mover montanhas e de como a intercessão de um santo jovem e moderno, como Carlo Acutis, pode alcançar os corações e transformar vidas. Esse milagre nos lembra que, mesmo nos momentos mais sombrios, a esperança pode ressurgir e a fé em um santo pode ser a chave para a cura e para a salvação.

Em 2023, Carlo Acutis foi nomeado patrono da Jornada Mundial da Juventude (JMJ), em Lisboa, um reconhecimento que reflete sua contribuição única para a evangelização, especialmente entre os jovens. Conhecido por sua habilidade em usar as novas tecnologias para propagar a fé, tornou-se um símbolo de como a internet pode ser um meio poderoso de levar a Palavra de Deus a uma geração conectada. Seu exemplo inspirou milhões de jovens ao redor do mundo a utilizarem a tecnologia como ferramenta para promover a mensagem cristã, ganhando o título de *ciberapóstolo* ou *influencer de Deus*, figura moderna que, por suas plataformas digitais, espalha luz e esperança pela evangelização.

Além disso, Carlo Acutis se tornou o primeiro santo da geração Millennial. O termo *millennial*, utilizado até mesmo pela comunicação oficial do Vaticano, descreve aqueles nascidos entre as décadas de 1980 e 1990, que cresceram imersos na *revolução digital*. Carlo, com sua vida simples, mas profundamente espiritual, tornou-se um farol de santidade para essa geração, mostrando que é possível viver com fé e verdade em um mundo cada vez mais conectado e tecnológico.

Sua canonização foi marcada para o dia 7 de setembro de 2025, em Roma, um momento de grande alegria e emoção, um verdadeiro testemunho de como a santidade pode alcançar as gerações mais jovens, mesmo em tempos desafiadores. Carlo Acutis continua a ser uma inspiração para os jovens do mundo inteiro, um símbolo de fé profunda, de generosidade e de amor a Deus. Seu exemplo de vida nos lembra que, independentemente da época ou da tecnologia, a verdadeira santidade se encontra no amor a Deus e ao próximo e a missão de evangelizar é, de fato, atemporal. Sua memória litúrgica é celebrada no dia 12 de outubro, por coincidência, no dia de Nossa Senhora Aparecida, a Padroeira do Brasil.

6

"VOCÊ TAMBÉM PODE!"

"Se tem algo que quero que você se lembre é de que a santidade não é só para os outros. Não é algo distante, reservado apenas para algumas pessoas. É para você também. Deus tem um plano único para cada um de nós, e Ele quer que você viva esse plano com alegria, coragem e confiança.

Eu sempre dizia: 'Todos nascem originais, mas muitos morrem como fotocópias'. Isso significa que você é único, com um propósito que só você pode cumprir. A maneira como vê o mundo, as pessoas e o que Deus coloca em seu coração... tudo isso é algo único. Deus o fez assim, especial, com dons e talentos que são só seus. Não existe ninguém igual a você; esse é um presente maravilhoso! Ele escolheu você para ser exatamente quem é.

Eu sei que, às vezes, a vida pode parecer difícil. Talvez olhe para si mesmo e pense: 'Não sou bom o suficiente. Errei muito. Estou tão longe de Deus...' Mas eu lhe digo uma coisa com todo o meu coração: Deus não desiste de você. Ele nunca desistiu e nunca vai desistir. Ele ama você exatamente do jeito que é, com todas as suas falhas e imperfeições. Cada passo seu é valioso. Mesmo quando se sente perdido, Ele está ali, pronto para o acolher e guiar.

Então, por que você deveria desistir d'Ele? Não importa o quão distante ache que está, ou quantos erros cometeu, Deus sempre está esperando você com os braços abertos. Não tenha medo de recomeçar, de dar o próximo passo em direção a Ele. Ele o está olhando com amor, e a santidade é apenas um caminho de volta para o amor verdadeiro que Ele tem por você.

Obrigado por me deixar contar um pouco de minha história. Foi um prazer compartilhar o que vivi e o que aprendi. Agora, é sua vez de viver sua própria história. O que Deus tem preparado para você é incrível, e o melhor ainda está por vir! Eu vou torcer por você, aqui de cima, com muito carinho e oração. E sempre que precisar, sempre que sentir que está sozinho ou perdido, é só chamar. Eu o estou ouvindo e, o mais importante, Ele também está.

Deus está sempre a seu lado, e a cada dia você pode escolher caminhar mais perto dele. Não tenha medo de ser quem você é, de buscar a santidade com seu próprio jeito, em seu próprio ritmo. Acredite em você, porque Deus já acredita!"

Pensamentos de Carlo Acutis

São Carlo Acutis deixou um legado de fé, amor e sabedoria que ressoa até os dias atuais. Seus pensamentos, impregnados de uma profunda devoção a Cristo e de um zelo pela santidade, revelam a simplicidade e a profundidade de seu coração. Com apenas quinze anos, tornou-se um exemplo de como podemos viver a fé com alegria, autenticidade e intensidade, mesmo nas pequenas coisas do cotidiano.

Esta seção do livro é dedicada a 20 de seus pensamentos mais marcantes, que nos convidam a refletir sobre como aplicar sua visão de vida em nosso próprio caminhar. Em cada um deles, encontramos não apenas a fé de um jovem santo, mas também a resposta a desafios e questionamentos comuns a todos nós, em nossa busca incessante por Deus.

A cada pensamento, apresenta-se uma reflexão, buscando mostrar a relevância de São Carlo para nossa vida espiritual. Que essas palavras e reflexões nos ajudem a aprofundar nossa fé, a viver com mais ardor e dedicação à Eucaristia e a seguir o exemplo de Carlo Acutis em nossa jornada para a santidade.

"O Rosário é a escada mais curta para subir ao Céu"

Carlo Acutis destaca a simplicidade e a profundidade da prática do Rosário e sugere que, mesmo em um mundo agitado, essa oração oferece um caminho acessível e direto para a paz e a salvação. Ele nos lembra de que, com confiança, podemos sempre recorrer à oração para nos aproximar de Deus, buscando não apenas a proteção de Maria, mas também a transformação de nossa vida espiritual.

"Uma vida só é verdadeiramente bela se chegarmos a amar a Deus acima de tudo e ao próximo como a nós mesmos"

O *Apóstolo da Internet* nos convida a refletir sobre o verdadeiro sentido da beleza na vida, que, fundamentado no amor a Deus e ao próximo, está longe das aparências ou das conquistas. Ele destaca que a verdadeira plenitude humana é alcançada quando colocamos o amor a Deus no centro de nossas ações e, a partir desse amor, tratamos o próximo com o mesmo respeito e carinho com que gostaríamos de ser tratados.

Essa visão de vida busca transcender o egoísmo e nos leva a uma existência mais profunda e significativa, marcada pela compaixão, pelo serviço e pela busca da santidade. Em última análise, a beleza de nossa vida está na maneira como amamos e servimos aos outros, reflexo do amor divino em nossa alma.

"Criticar a Igreja é criticar a nós mesmos! A Igreja é a distribuidora dos tesouros para nossa salvação"

Carlo Acutis reconhece a importância da Igreja como instrumento de Deus para nossa transformação espiritual. A Igreja, enquanto comunidade de fiéis e corpo místico de Cristo, é a guardiã e a transmissora dos meios que nos conduzem à salvação: os Sacramentos, o Evangelho e a orientação espiritual. Criticá-la, portanto, é questionar o próprio caminho que ela oferece para a vida eterna. Em vez de apontar falhas e erros humanos que possam existir, devemos valorizar seu papel como canal de graça e misericórdia divina, reconhecendo nela a fonte de luz e direção para nossa jornada de fé.

"A única coisa que devemos realmente temer é o pecado"

O jovem santo enfatiza a gravidade do pecado na vida cristã. Acutis nos lembra que, apesar dos desafios e das dificuldades que enfrentamos ao longo da vida, o verdadeiro perigo está em nos afastarmos de Deus por meio do pecado. Este, ao romper nossa relação com Deus, afasta-nos da salvação e da paz interior.

Por isso, em vez de temer as adversidades do mundo, devemos ter consciência da seriedade do pecado e do quanto ele prejudica nossa vida espiritual, ou seja, buscarmos sempre viver de acordo com os ensinamentos de Cristo e nos afastar de tudo que nos separa do amor divino.

"Por que os homens se preocupam tanto com a beleza de seu corpo e não se preocupam com a beleza de sua alma?"

A superficialidade da sociedade contemporânea, frequentemente, prioriza a aparência externa em detrimento do cuidado interior. Acutis nos questiona sobre as verdadeiras prioridades da vida, sugere que a beleza da alma deve estar sempre enraizada às virtudes da bondade, da humildade, do amor e da castidade.

A beleza exterior é efêmera e passageira, enquanto a beleza interior tem um impacto duradouro, não apenas em nossa vida, mas também nas relações com os outros e com Deus. Ao focarmos na saúde espiritual, cultivando uma alma plena e virtuosa, alcançamos uma beleza que transcende o tempo e reflete a verdadeira luz, que vem de Deus.

"Não eu, mas Deus"

O pensamento de Carlo Acutis *"Não eu, mas Deus"* reflete sua profunda humildade e total entrega à vontade divina. Ele nos ensina que a verdadeira grandeza não está na busca de reconhecimento ou exaltação de nossas próprias conquistas, mas no reconhecimento de que somos apenas instrumentos nas mãos de Deus.

Ainda jovem, compreendeu que a vida tem um propósito maior, que vai além de nossas vontades e de nossos desejos pessoais: viver para servir a Deus e aos outros, permitindo que Ele guie nossas ações e decisões. Essa frase resgata a essência da vida cristã – *o Senhor é o centro de nossa fé* – e reconhece que toda graça e sabedoria vêm do Altíssimo. Enfim, quem vive nessa perspectiva encontra a verdadeira paz e o real sentido da existência humana.

"Todos nascem como originais, mas muitos morrem como fotocópias"

O pensamento de Carlo Acutis nos provoca a reflexão da autenticidade e do potencial único que cada ser humano carrega dentro de si, desde o momento do nascimento. Todos nós somos criados com dons, com talentos e com um propósito especial dado por Deus Pai. No entanto, ao longo da vida, muitos se deixam influenciar tanto pelas expectativas da sociedade quanto pela busca incessante de conformidade e perdem a essência de sua verdadeira identidade.

Acutis nos desafia a viver de forma autêntica, a buscar nossos próprios caminhos com coragem e fé, sem cedermos ao impulso de nos tornar uma versão sem alma ou cópia do que os outros esperam. A verdadeira beleza da vida está em ser quem somos, com todas as nossas imperfeições e virtudes, refletindo a imagem de Deus de maneira única e pessoal.

"Nosso objetivo deve ser o infinito e não o finito"

Embora os bens materiais possam ser importantes, eles jamais devem ser o centro de nossa essência. O "finito" representa tudo o que é temporário e limitado, como as conquistas pessoais, os bens materiais e as questões mundanas. Já o "infinito" é a busca da eternidade, da união com Cristo e da vida plena em seu amor.

Acutis nos desafia a olhar além do imediato, a direcionar nossos esforços para o que realmente importa, que é viver de acordo com os valores divinos e cultivar uma vida que tenha um impacto duradouro. Essa meditação nos convida a desapegar dos interesses temporais e nos concentrar no eterno, em uma vivência repleta de propósitos, acima de tudo, que conduza ao Reino de Deus.

"Não o amor-próprio, mas a glória de Deus"

Muitas vezes, somos tentados a buscar reconhecimento, o sucesso e a satisfação pessoal, colocando o amor-próprio como prioridade. No entanto Carlo Acutis nos ensina que a verdadeira grandeza está em viver para a glória de Deus, colocando seus ensinamentos e sua vontade acima de nossos próprios desejos. Isso não significa negligenciar nossa própria dignidade, contudo reconhecer que nossa vida tem um propósito maior do que simplesmente satisfazer nossas vontades egoístas.

Quando nossas ações são motivadas pelo desejo de honrar e de servir a Deus, experimentamos uma verdadeira paz interior e contribuímos para um mundo mais justo e amoroso. Essa visão nos chama a uma vida de humildade e de entrega aos irmãos, em que a busca da glória de Deus se torna a principal razão para tudo o que fazemos.

"Estar sempre unido a Jesus é meu programa de vida"

Esse pensamento de Carlo Acutis revela a intensidade de sua devoção e de sua compreensão de que a verdadeira felicidade e propósito só podem ser encontrados em uma relação constante com Cristo. Para ele viver em união com Jesus não era apenas uma prática religiosa, mas realmente o centro de sua existência, norteando todos os seus pensamentos, todas as suas ações e decisões.

O *Apóstolo da Internet* nos ensina que a intimidade com Cristo deve ser a base de nossa vida e que essa união, alimentada pela oração, pelos sacramentos e pelo amor ao próximo, é o caminho para uma vida plena. Ao fazer de Jesus o centro de sua vida, Acutis nos chama a seguir o mesmo exemplo, buscando sempre estar em sintonia com os preceitos de Deus Trino e permitir que Ele seja nossa força e nosso guia, a cada momento.

"De que serve ao homem vencer mil batalhas se depois não conseguir vencer a si mesmo?"

Esse questionamento de Carlo Acutis reflete o valor da importância do autoconhecimento e da superação interior. O jovem nos alerta que, embora as conquistas externas possam ser significativas, elas perdem valor se não conseguirmos dominar nossas próprias fraquezas, paixões e nossos impulsos.

Vencer a si mesmo é a maior de todas as batalhas, pois envolve aprender a controlar nossos sentimentos, pensamentos e nossas atitudes, alinhando-os com os princípios e com os valores cristãos. A verdadeira vitória está na conquista da paz interior, na santidade e na capacidade de agir com sabedoria e bondade.

"A santificação não é um processo de adição, mas de subtração. Diminuir-me para dar lugar a Deus"

Inúmeras vezes, pensamos que, para nos aproximarmos de Deus, precisamos acumular virtudes, conquistas ou ações, mas Acutis nos instrui que, na realidade, a verdadeira santificação é um processo de desapego e humildade. Ao diminuir nossas próprias vontades, nosso orgulho e egoísmo, abrimos espaço para que a graça divina preencha nossa vida. A santidade não está em acrescentar futilidades ou prazeres terrenos a nossa existência, mas em retirar o que nos impede de viver plenamente a vontade de Deus.

Subtrair as distrações mundanas, os vícios e as vaidades é o que nos permite crescer na fé e no amor, dando lugar à presença de Deus em nosso coração. Dessa maneira, a santificação se torna um processo de purificação, em que nos tornamos mais semelhantes a Cristo, deixando que Ele ocupe o centro de nossa vida.

"Depois da Sagrada Eucaristia, o Santo Rosário é a arma mais poderosa para combater o demônio"

São Carlo Acutis nos ensina que, após a Eucaristia – que é a fonte e o ápice de nossa vida cristã, *união íntima a Cristo* –, o Santo Rosário é uma das ferramentas mais eficazes na batalha contra o mal. O Rosário, ao repetir a oração das Ave-Marias e meditar sobre os mistérios da vida de Cristo e de Maria, fortalece-nos na fé e nos protege de todas as tentações e influências malignas. A repetição da oração e a contemplação dos mistérios nos ajudam a manter nosso coração e nossa mente fixos em Deus, afastando-nos do pecado e da negatividade.

Essa "arma" poderosa nos aproxima da Virgem Maria, nossa intercessora, e nos lembra constantemente a vitória de Cristo sobre o mal. Ao rezarmos o Rosário, nós nos colocamos sob a proteção de Maria e abrimos nosso coração para a ação do Espírito Santo. Em um mundo repleto de tentações e desafios espirituais, o Rosário nos oferece força e serenidade, lembrando-nos de que, com a ajuda de Deus e da intercessão de Maria, somos mais do que capazes de superar qualquer adversidade.

Assim, o Rosário se torna não apenas uma oração, mas um verdadeiro escudo contra as forças demoníacas, e reforça a certeza de que podemos vencer todas as batalhas espirituais com fé e oração.

"A felicidade é o olhar voltado para Deus. A tristeza é o olhar voltado para si mesmo"

O jovem santo expressa a ideia de que a verdadeira felicidade se encontra na orientação e na entrega a Deus, enquanto o egoísmo e o foco nas próprias limitações e nos próprios desejos nos conduzem à tristeza. Acutis nos instrui que, quando miramos nosso olhar para Deus, buscamos algo maior do que nós mesmos, e isso nos traz paz e alegria duradoura.

Por outro lado, quando nos fixamos em nossos próprios problemas, nossas necessidades e inseguranças, perdemos a perspectiva divina e nos afastamos da verdadeira fonte de felicidade. O olhar voltado para Deus nos liberta das amarras do ego e nos conduz a uma vida de propósito, em que a felicidade não depende das circunstâncias externas, mas da relação profunda com o Criador.

"A Eucaristia é minha estrada para o Céu"

A Eucaristia não é apenas uma prática religiosa, mas a verdadeira Fonte da Vida, alimento espiritual, que nos une a Jesus. Acutis reconhece que nos aproximamos de Deus, de maneira única e profunda, ao receber o Corpo e o Sangue de Cristo, fortalecendo nossa fé e nos capacitando a viver de acordo com seus ensinamentos. A Eucaristia é o caminho seguro para o céu, pois ela nos transforma e nos prepara para a eternidade.

Em cada celebração eucarística, somos chamados a renovar nossa entrega a Deus, permitindo que Ele nos oriente e nos sustente em nossa caminhada rumo à salvação. Ao afirmar que a Eucaristia é sua estrada para o céu, o santo jovem nos convida a meditar o valor de nos nutrirmos espiritualmente de Cristo e reconhece que a verdadeira paz e a felicidade duradoura só podem ser encontradas na comunhão íntima com Jesus Sacramentado.

"Encontre Deus e encontrará o
sentido de sua vida"

Em um mundo marcado por incertezas e distrações, muitas pessoas tentam encontrar sentido nas conquistas materiais, no sucesso profissional ou em prazeres passageiros; no entanto Acutis nos lembra que o verdadeiro propósito da vida está no Altíssimo. Quando encontramos Deus, por meio da oração, da meditação e da prática da fé, começamos a compreender a razão de nossa existência: *viver para amá-lo e amá-lo para viver eternamente.*

Esse encontro com Deus nos revela que a vida não se baseia somente em alcançar objetivos terrenos, mas, sobretudo, em cultivar uma relação íntima com o Todo-Poderoso, que nos fortalece e nos dá a direção. Se reconhecermos a presença divina em nossa vida, encontraremos não apenas respostas para nossas perguntas existenciais, mas também obteremos a paz e a felicidade que só podem ser encontradas na união com Jesus Cristo, nosso Salvador.

"A vida é uma dádiva, porque, enquanto estivermos neste planeta, podemos aumentar nosso nível de caridade. Quanto mais alto ele for, mais gozaremos da felicidade eterna de Deus"

Que valioso tesouro é a caridade se quisermos trilhar um caminho de salvação e de felicidade eterna!

São Carlo Acutis nos declara que a vida é uma oportunidade única de praticarmos o amor ao próximo, uma virtude fundamental no Cristianismo. A caridade, ou amor incondicional ao outro, é o meio pelo qual nos aproximamos de Deus e de sua misericórdia.

Quanto mais nos entregamos à prática do amor, mais nossa alma se purifica e torna-se apta para experimentar a felicidade eterna com Deus nos Céus. Dessa forma, a dádiva da vida nos permite não apenas crescer espiritualmente, mas também acumular méritos para a vida eterna, na vivência do saber servir aos necessitados com generosidade e compaixão.

"O verdadeiro discípulo de Jesus Cristo é aquele que em tudo procura imitá-lo e fazer a vontade de Deus"

Carlo Acutis foi um jovem que soube unir sua paixão pela tecnologia a seu amor incondicional a Deus, tornando-se um exemplo de evangelizador moderno. Para ele a imitação de Cristo não se limitava somente aos gestos cotidianos, mas também à forma como ele usava suas habilidades e seus recursos para divulgar o Evangelho pela rede mundial de computadores. Ele entendeu que a missão de ser discípulo de Cristo não tem barreiras, nem geográficas nem tecnológicas.

Com a criação de um site sobre os Milagres Eucarísticos, o jovem santo utilizou a internet para levar a mensagem de Cristo a milhões de pessoas, mostrando que, mesmo na era digital, é possível viver de acordo com a vontade de Deus. São Carlo Acutis nos ensina que um verdadeiro discípulo não se limita a um contexto específico, mas é capaz de inovar e adaptar sua fé para alcançar os outros, com utilização de todos os meios disponíveis para compartilhar o amor de Cristo e os ensinamentos do Evangelho.

"Sem Ele nada posso fazer"

Sem a presença de Cristo em nosso coração e em nossas ações, nossa vida perde seu verdadeiro sentido e propósito. Carlo compreendia que, sem Cristo, seus esforços se tornariam vazios e suas vitórias, temporárias. A verdadeira força vem de uma união constante com Ele, pois é em Cristo que encontramos o alicerce de nossa existência e a direção para nossas escolhas.

Esse pensamento nos lembra a necessidade de nos rendermos à vontade de Deus, de buscar sua ajuda em cada passo e de reconhecer que, sem sua graça, não podemos alcançar a plenitude da vida. Em nossa busca de realização e sucesso, Acutis nos alerta: sem Cristo, o verdadeiro significado de nossa vida se perde. Ele nos chama a viver em total confiança e entrega ao Senhor, porque compreendeu que com Cristo tudo é possível.

NOVENA DE SÃO CARLO ACUTIS

São Carlo Acutis, jovem italiano, cuja vida foi um modelo de santidade nos tempos atuais, inspirou milhares de pessoas ao redor do mundo, especialmente por sua profunda devoção à Eucaristia e sua habilidade de unir tecnologia e fé para evangelizar. Sua vida breve, mas intensa, testemunhou a beleza da amizade com Cristo e o poder transformador da presença real de Jesus na Eucaristia.

Esta novena a São Carlo Acutis é uma oportunidade especial para se aproximar de Deus, seguindo o exemplo desse santo moderno que, com simplicidade e fervor, dedicou sua vida a fazer de cada momento uma oportunidade para crescer na fé. Durante nove dias, somos convidados a refletir sobre a vida de Carlo, suas virtudes e sua intimidade com Deus, buscando sua intercessão para que, assim como ele, possamos viver com um coração ardente de amor por Cristo, especialmente na Eucaristia.

Que esta novena nos ajude a fortalecer nossa fé, a viver com mais profundidade nosso relacionamento com Jesus e a experimentar o poder da oração e da intercessão de São Carlo Acutis. Que ele, com sua vida de santidade, inspire-nos a buscar a santidade em nossa própria jornada, com coragem, alegria e confiança na graça de Deus.

Oração inicial

– Em nome do Pai, do Filho e do Espírito Santo.
– Amém!
– A nossa proteção está no nome do Senhor,
– que fez o céu e a terra!
– Ouvi, Senhor, minha oração
– e chegue até vós o meu clamor!

– Vinde, Espírito Santo, enchei os corações de vossos fiéis e acendei neles o fogo do vosso amor. Enviai vosso Espírito e tudo será criado! E renovareis a face da terra! *Oremos:* Ó Deus, que instruístes os corações dos vossos fiéis com a luz do Espírito Santo, fazei que apreciemos retamente todas as coisas, segundo o mesmo Espírito, e gozemos sempre da sua consolação. Por Cristo, Senhor nosso.
– Amém!

Oferecimento da Novena: São Carlo Acutis, jovem cheio de amor por Jesus na Eucaristia e *Apóstolo da Internet*, tu, que utilizaste os meios modernos para espalhar a verdade do Evangelho e atrair corações à luz de Cristo, intercede por nós junto ao Senhor.

Ajuda-nos a viver com pureza de coração, a ser corajosos em nossa fé e generosos no amor ao próximo. Ensina-nos a buscar a Deus acima de tudo, fazendo da Eucaristia o centro de nossa vida e da tecnologia um instrumento de evangelização.

Hoje, confiamos a ti nossas intenções *(pedir a graça a ser alcançada)*. Leva-as ao Senhor, e que, por tua intercessão, possamos experimentar a graça e a misericórdia divina em nossa vida.

São Carlo Acutis, modelo de evangelização e de caridade aos jovens e a nossa família, ajuda-nos a viver como autênticos discípulos de Cristo, transformando o mundo com o amor de Deus. Amém!

Ladainha de São Carlo Acutis

Senhor, tende piedade de nós.
Cristo, tende piedade de nós.
Senhor, tende piedade de nós.
Santa Maria, Mãe de Deus, rogai por nós.
São Carlo Acutis, rogai por nós.
Patrono da internet, rogai por nós.
Santo da juventude, rogai por nós.
Intercessor das Almas do Purgatório, rogai por nós.
Amigo dos pobres, rogai por nós.
Defensor dos excluídos, rogai por nós.
Consolador dos sofridos, rogai por nós.
Jovem autêntico e alegre, rogai por nós.
Caridoso para com todos, rogai por nós.
Extraordinário em sua fé, rogai por nós.
Jovem singelo e humilde, rogai por nós.
Fidelíssimo a Maria, rogai por nós.
Leal devoto do Rosário, rogai por nós.
Imitador de São Francisco, rogai por nós.
Amante da Eucaristia, rogai por nós.
Adorador de Jesus Sacramentado, rogai por nós.
Apóstolo dos Milagres Eucarísticos, rogai por nós.
Repleto de piedade e de graça, rogai por nós.
Amante da confissão, rogai por nós.
Jovem forte diante do sofrimento, rogai por nós.

Modelo e esperança da juventude, rogai por nós.

Exemplo de santidade para todos, rogai por nós.

Alma imolada pela Igreja e pelo Papa, rogai por nós.

Cordeiro de Deus, que tirais os pecados do mundo, perdoai-nos Senhor.

Cordeiro de Deus, que tirais os pecados do mundo, ouvi-nos Senhor.

Cordeiro de Deus, que tirais os pecados do mundo, tende piedade de nós, Senhor.

Rogai por nós, São Carlo Acutis, para que sejamos dignos das promessas de Cristo. Amém.

Oração final

São Carlo Acutis, com o coração cheio de gratidão, elevamos a Deus nosso louvor e agradecimento por todas as graças recebidas durante esta novena.

Tu, que viveste com simplicidade e profundo amor por Jesus na Eucaristia, ensinaste-nos que a verdadeira felicidade está em Deus.

Agradecemos teu exemplo de santidade, teu zelo em evangelizar e tua disponibilidade em ser instrumento da vontade divina. Que possamos também viver como tu viveste, buscando o céu em cada escolha diária.

Com alegria e confiança, entregamos em tuas mãos nossas intenções, crendo que Deus, por tua intercessão, conduzirá tudo para nosso bem *(Rezar 1 Pai-nosso, 3 Ave-Marias e 1 Glória ao Pai).*

São Carlo Acutis, *Apóstolo da Internet* e amigo de Jesus, roga por nós! Amém.

1º dia

"Não eu, mas Deus"

1. Oração inicial (p. 94)

2. Palavra de Deus *(Gl 2,16-21; 3,2.11)*

Abraçamos a fé em Jesus Cristo para sermos justificados pela fé em Cristo e não pelas obras da lei. Pois pelas obras da lei ninguém será justificado. Ora, se buscando nossa justificação em Cristo, acabamos sendo pecadores como os outros, será que Cristo está a serviço do pecado? Claro que não! Pois, reerguendo o que eu tinha derrubado, convenço a mim mesmo de transgressão. De fato, pela lei morri para a lei, a fim de viver para Deus. Estou crucificado com Cristo, e já não sou eu que vivo: é Cristo que vive em mim. Esta minha vida humana, eu a vivo na fé do Filho de Deus, que me amou e se entregou por mim. Não tornou inútil a graça de Deus; pois, se é pela lei que se alcança a justiça, Cristo morreu em vão. Só isto quero saber de vós: foi pelas obras da lei que recebestes o Espírito, ou por terdes acreditado na pregação? É evidente que a lei não pode justificar ninguém diante de Deus, pois "o justo viverá pela fé".

– Palavra do Senhor.

3. Reflexão

Carlo Acutis demonstrou, desde muito jovem, sua sabedoria, ao perceber que nunca devemos viver uma fé moldada para ser venerada, aplaudida ou valorizada. Os fariseus, líderes religiosos da época de Jesus, adotavam uma postura desagradável aos olhos de Deus, pois se agradavam de serem vistos e de se sobressaírem aos outros. Buscavam os primeiros lugares para serem elogiados por suas ações vazias.

No entanto, nosso *Apóstolo da Internet* praticava o bem com humildade, sempre deixando claro: "Não eu, mas Deus". Sim, nosso santo jovem, com grande espiritualidade, entendeu que, para alcançarmos os Céus, precisamos abandonar o orgulho e a arrogância, praticando a caridade por amor a Cristo e não para nosso próprio engrandecimento. A vida na Terra deve ser vivida com o coração pulsando no ritmo de Cristo, permitindo que o Espírito Santo envolva nossa alma, para que possamos aceitar nossa missão com simplicidade e sem vaidade.

Com Carlo Acutis aprendemos a ser justificados pela fé em Jesus Cristo, e não pelas ações terrenas realizadas diante dos homens. O verdadeiro cristão nunca busca reconhecimento, mas age pelo amor ao próximo, realizando boas ações para a honra e glória do Senhor.

Que possamos seguir o exemplo de Carlo, lembrando que a verdadeira grandeza está em servir aos outros com coração puro, sem esperar recompensas nesta terra. O céu se abre para aqueles que praticam a bondade com sinceridade e sem ostentação.

Ao imitarmos sua fé e caridade, que possamos ser luz no mundo, espalhando o amor de Cristo em cada gesto, em cada palavra e em cada atitude. Que nossa vida seja um reflexo da verdadeira fé, aquela que não busca aplausos, mas sim a glória de Deus. Amém!

4. Ladainha (p. 95)

5. Oração final (p. 96)

2º dia

"Estar sempre junto com Jesus"

1. Oração inicial (p. 94)

2. Palavra de Deus *(Fl 2,5-11)*

Tende em vós os mesmos sentimentos de Cristo Jesus: apesar de sua condição divina, ele não reivindicou seu direito de ser tratado como igual a Deus. Ao contrário, aniquilou-se a si mesmo e assumiu a condição de servo, tornando-se semelhante aos homens. Por seu aspecto, reconhecido como homem, humilhou-se, fazendo-se obediente até a morte, e morte de cruz. Por isso Deus o elevou acima de tudo e lhe deu o Nome que está acima de todo nome, de modo que ao nome de Jesus todo joelho se dobre nos céus, na terra e debaixo da terra, e toda língua proclame que Jesus Cristo é o Senhor, para a glória de Deus Pai.

– Palavra do Senhor.

3. Reflexão

"Estar sempre junto com Jesus: esse é meu plano de vida." Com essas simples palavras, Carlo Acutis traçou o rumo de sua breve existência, focado em manter a estreita amizade com Jesus. Para o generoso jovem, era insuficiente participar da Santa Missa apenas algumas vezes por semana. Seu prazer era estar em comunhão com Jesus Eucarístico diariamente, mesmo que fosse por meio da comunhão espiritual.

Nossa missão é ter como meta a amizade com o Senhor: viver como amigos e irmãos, unidos pela causa do Reino do Pai. Todos nós, cristãos, somos convidados a entrar no coração de Jesus. O destino daqueles que amam o Senhor será sempre transbordar de felicidade por estarem em sua companhia, dia e noite; é um presente precioso que Cristo nos concedeu, desde sua chegada a este mundo decaído pelos pecados.

Porém, infelizmente, muitas vezes não agimos como verdadeiros amigos de Jesus, pois nos afastamos dele por nossos erros e pela insistência em seguir por caminhos tortuosos. Antes de pensarmos em nos distanciar do Senhor, lembremos suas doces palavras, pois não somos mais chamados de *servos*, mas sim de *amigos* (Jo 15,15).

Que possamos adotar o mesmo projeto de vida de nosso querido Carlo Acutis, pedindo a Deus a graça de permanecermos firmes em seu amor, para que sejamos dignos de sua infinita misericórdia e alcancemos a salvação.

Que, como Carlo, possamos ter o desejo profundo de estar sempre em intimidade com Cristo, buscando sua presença em todos os momentos. Ao nutrirmos essa amizade sincera, nossa vida será iluminada e transformada pela paz, que vem do Senhor. E que, ao seguirmos esse caminho de união com Jesus, possamos ser exemplos de fé e dedicação para os outros, espalhando o amor divino por onde passarmos e fazendo de nosso coração morada do Salvador. Amém!

4. Ladainha (p. 95)

5. Oração final (p. 96)

3º dia

"Peça a seu Anjo da Guarda para ajudá-lo continuamente"

1. Oração inicial (p. 94)

2. Palavra de Deus *(Lc 1,26-35)*

No sexto mês, o anjo Gabriel foi enviado por Deus a uma cidade da Galileia, chamada Nazaré, a uma virgem, noiva de um homem, de nome José, da casa de Davi; a virgem chamava-se Maria. Entrando onde ela estava, disse-lhe o anjo: "Alegra-te, ó cheia de graça, o Senhor é contigo". Ao ouvir tais palavras, Maria ficou confusa e começou a pensar o que significaria aquela saudação. Disse-lhe o anjo: "Não tenhas medo, Maria, porque Deus se mostra bondoso para contigo. Conceberás em teu seio e darás à luz um filho e lhe porás o nome de Jesus. Ele será grande e será chamado Filho do Altíssimo. O Senhor Deus lhe dará o trono de Davi, seu pai, e ele reinará para sempre na casa de Jacó. E seu reino não terá fim". Maria, porém, perguntou ao anjo: "Como será isto, se eu não vivo com um homem?" Respondeu-lhe o anjo: "O Espírito Santo descerá sobre ti e a força do Altíssimo te cobrirá com sua sombra. Por isso, o Santo que vai nascer será chamado Filho de Deus".

– Palavra da Salvação.

3. Reflexão

A proteção divina nos acompanha desde o momento em que fomos concebidos no ventre materno. Nesse instante, recebemos do Pai a dádiva da vida e também um protetor eterno: nosso Anjo da Guarda. Esse ser puro, ao serviço do Senhor, é o sinal da presença de Deus em nosso meio, uma graça constante e ativa em nossa jornada.

Além de estar unido a Cristo, São Carlo Acutis também estava profundamente conectado a seu protetor celestial. Ele pedia constantemente ajuda ao seu anjo nas dificuldades naturais de sua fase da vida, para que não fosse vencido pelas tentações de um mundo cada vez mais egoísta, que também espalha as ciladas do desânimo e da desesperança nos corações mais jovens.

Devemos nos apegar firmemente a nosso Anjo da Guarda, vivendo com a pureza e humildade das crianças. Quanto mais puros formos, mais sentiremos a presença angelical em nosso cotidiano, especialmente em meio a nossas provações. Se não nos dedicarmos à oração e ao amor a Deus, não poderemos desenvolver uma conexão íntima com nosso anjo protetor. Somos imperfeitos, mas temos a companhia desses seres divinos, que nos ajudam a combater o mal e o pecado.

Sigamos o exemplo de Carlo Acutis: "Peça a seu Anjo da Guarda para ajudá-lo continuamente, de modo que ele se torne seu melhor amigo". Invoquemos nossos anjos da Paz na batalha espiritual contra o mal. Consagremos nossa vida a eles, principalmente, mantendo uma vida santa. Assim, viveremos em perfeita comunhão com esses amigos sagrados, que, além de companheiros, são dádivas do amor de Deus em nossa existência.

Que possamos reconhecer a presença constante de nosso Anjo da Guarda, guiando-nos nos momentos de incerteza e nos protegendo dos perigos espirituais. Quando invocamos sua ajuda, nossa fé se fortalece e nos sentimos mais próximos de Deus, sentindo seu amor por meio de seus mensageiros. Em meio às dificuldades e tentações, lembremos que não estamos sozinhos, pois Deus sempre nos envia os anjos para nos proteger, orientar e nos manter no caminho da virtude. Sigamos confiantes, sabendo que a presença de nossos anjos nos acompanha, como um reflexo da misericórdia divina em nossa vida.

4. Ladainha (p. 95)

5. Oração final (p. 96)

4º dia

"Nossa alma se eleva aos Céus sem a pedra do pecado"

1. Oração inicial (p. 94)

2. Palavra de Deus *(Eclo 3,3-7.14-17a)*

Deus honra o pai nos filhos e confirma, sobre eles, a autoridade da mãe. Quem honra seu pai alcança o perdão dos pecados; evita cometê-los e será ouvido na oração cotidiana. Quem respeita sua mãe é como alguém que ajunta tesouros. Quem honra seu pai terá alegria com seus próprios filhos; e, no dia em que orar, será atendido. Quem respeita seu pai terá vida longa, e quem obedece ao pai é o consolo de sua mãe. Meu filho, ampara teu pai na velhice e não lhe causes desgosto enquanto ele vive. Mesmo que ele esteja perdendo a lucidez, procura ser compreensivo para com ele; não o humilhes, em nenhum dos dias de sua vida: a caridade feita a teu pai não será esquecida, mas servirá para reparar teus pecados e, na justiça, será para tua edificação.

– Palavra do Senhor.

3. Reflexão

"O balão necessita descarregar seus pesos para poder elevar-se. Assim também a alma, para chegar ao céu, precisa remover até as pequenas cargas, que são os pecados veniais", dizia Carlo Acutis.

Sabemos que os pecados veniais são aqueles de menor gravidade, que não causam a perda da graça divina, embora também afetem nossa vida espiritual. Diferentemente dos pecados mortais – que são transgressões graves contra os Mandamentos de Deus –, os veniais não rompem a aliança com o Senhor.

Apesar de serem considerados pecados mais leves, o *Apóstolo da Internet* jamais se deixou contaminar por tais faltas, zelando pelo templo do Espírito Santo. Carlo tinha plena consciência de que, se cometidos, esses pequenos erros, enraizados na alma, aos poucos, enfraqueceria a força espiritual, desmotivando a vivência da caridade e da virtude. Ele temia que, mesmo sendo pequenos, esses pecados pudessem prejudicar seu relacionamento com Deus e, eventualmente, conduzi-lo aos pecados mortais. E estava completamente certo!

Que sabedoria para um adolescente e que impressionante santidade para um jovem! Sim, nossos pensamentos e nossas ações devem ser fundamentados no exemplo de vida de Carlo Acutis.

Imploremos a Cristo a força divina para remover o peso que impede nossa alma de alcançar voos mais altos. A mudança de atitude deve começar agora, pois Ele nos chama à Casa do Pai; cabe a nós responder a seu chamado com um "sim" de conversão, com renúncia a todo projeto maligno, que machuca a nós mesmos e a nossos irmãos.

Que possamos seguir o modelo de vida de Carlo, não permitindo que as pequenas faltas nos afastem do caminho da santidade. Devemos estar atentos a cada passo, sabendo que até os pecados mais insignificantes podem nos desviar de nosso verdadeiro propósito, que é viver em plena comunhão com Deus.

A vida cristã nos chama a um constante aprimoramento espiritual, em que buscamos a purificação da alma e a proximidade com o Senhor. Se permitirmos que Ele nos guie, estaremos sempre em ascensão, removendo as barreiras que impedem nosso voo em direção à plenitude divina. Assim seja!

4. Ladainha (p. 95)

5. Oração final (p. 96)

5º dia

"A felicidade é o olhar para Deus"

1. Oração inicial (p. 94)

2. Palavra de Deus *(Pr 3,1-10.13)*

Meu filho, não esqueças meu ensinamento e teu coração guarde meus preceitos, porque te alcançarão longos dias, anos de vida e de prosperidade. Que a bondade e a fidelidade não te abandonem; prende-as em torno a teu pescoço, escreve-as sobre a tábua de teu coração e obterás favor e bom êxito aos olhos de Deus e dos homens. Confia em Javé com todo o coração e não te apoies em tua inteligência. Em todos os teus passos, pensa nele e ele aplainará teus caminhos. Não te consideres sábio; teme Javé e fica longe do mal. Isso será saudável para teu corpo e um refrigério para teus ossos. Honra Javé com teus bens e com as primícias de todas as tuas colheitas; então teus celeiros se encherão de trigo e teus lagares transbordarão de vinho. Feliz o homem que encontrou a sabedoria e aquele que adquiriu o entendimento.

– Palavra do Senhor.

3. Reflexão

Quantas vezes nos isolamos em nosso próprio mundo, imaginando que tudo gira a nosso redor? Esquecemo-nos de estender a mão aos necessitados, de apoiar o enfermo solitário, de oferecer comida ao morador de rua... Temos tudo o que almejamos, mas ainda assim nos sentimos insatisfeitos. Por que isso acontece?

A resposta está nesta citação de São Carlo Acutis: "A tristeza é o olhar voltado para si mesmo, a felicidade é o olhar voltado para Deus". Sim, quando muitos evitam ajudar aqueles que mais precisam, o vazio interior vai tomando conta, pois não há verdadeira alegria sem Deus, e Ele se manifesta na figura do irmão aflito.

Carlo nunca negligenciou seu lado altruísta. Sentia-se realizado ao poder ajudar seus amigos, seja com dificuldades em informática ou em qualquer outra situação; sempre tinha tempo para estender sua mão generosa às pessoas em situação de rua. Seu sorriso radiante refletia seu amor genuíno por Jesus. Ao apoiar o próximo, ele também se aproximava de Deus, preparando-se para o encontro final com o Pai.

É impossível alcançar a felicidade plena se não direcionarmos nosso olhar para Deus, pois uma vida sem compaixão e generosidade é como um solo árido, incapaz de permitir que a semente da amizade com o Senhor floresça.

Nunca devemos deixar nos enganar com os prazeres passageiros, acreditando que somos verdadeiramente felizes sem a presença de Deus. Somente o Pai conhece nosso coração, e a chave da felicidade não está neste mundo; ela só pode ser alcançada no Céu, por meio da caridade e do amor dedicado ao próximo.

A verdadeira felicidade se encontra em viver para os outros e não para si mesmo. Quando abrimos o coração para as necessidades do próximo, somos preenchidos por uma paz duradoura, que não pode ser comprada ou encontrada nas coisas materiais. Em cada gesto de bondade, experimentamos um pouco do amor divino.

Devemos seguir o exemplo de Carlo Acutis, vivendo com um coração generoso e atento às necessidades dos outros. Só assim poderemos encontrar a verdadeira alegria, aquela que vem de Deus e se reflete em nossas ações em favor dos outros. A felicidade é uma jornada que percorremos ao lado de Cristo, servindo e amando como Ele nos ensinou. Reflitamos!

4. Ladainha (p. 95)

5. Oração final (p. 96)

6º dia

"A única coisa que nós temos de pedir a Deus na oração"

1. Oração inicial (p. 94)

2. Palavra de Deus *(1Pd 1,13-21)*

Depois de ter preparado vossa mente para agir, sede vigilantes e esperai plenamente na graça que vos será dada pela revelação de Jesus Cristo. Como filhos obedientes, não sigais os maus desejos de outrora, quando estáveis na ignorância, mas, assim como é santo aquele que vos chamou, tornai-vos santos vós também em toda a vossa conduta, porque está escrito: "Sede santos, porque eu sou santo". E, se rezando, chamais de Pai aquele que julga com imparcialidade a cada um conforme suas obras, procurai viver com temor enquanto estais aqui de passagem, sabendo que fostes resgatados da vida fútil que herdastes de vossos antepassados, não a preço de coisas perecíveis como a prata ou o ouro, mas pelo sangue precioso de Cristo, o Cordeiro sem defeito e sem mancha, predestinado antes da criação de mundo e manifestado nos últimos tempos para vós. Por meio dele, vós credes em Deus, que o ressuscitou dos mortos e o glorificou. Assim, vossa fé e vossa esperança estão fixas em Deus.

– Palavra do Senhor.

3. Reflexão

Desde os primeiros anos de sua vida, Carlo Acutis começou a compreender o grandioso plano de Deus para sua existência: ser um filho puro e consagrado. Esse plano divino está revelado para toda a humanidade, mas poucos se deixam tocar pelo amor infinito do Pai, vivendo a graça da santidade mesmo enquanto ainda estão na terra. Nascemos em um mundo repleto de armadilhas e, muitas vezes, afastamo-nos dos caminhos de Deus, abrindo o coração à inveja, à vaidade, à luxúria e à violência.

Diariamente, Cristo nos convida a buscar a santidade, mas para isso precisamos estar em sintonia com Ele por meio da oração, como fazia Carlo Acutis. Para ele a "única coisa que devemos pedir a Deus em nossas orações é a vontade de sermos santos". Ele aceitou sua missão com coragem e pedia ao Espírito Santo a Sabedoria para discernir o que favorecia a vontade do Pai e o que a contrariava. E foi assim que ele viveu!

Devemos meditar no silêncio de nosso coração se realmente estamos buscando a santidade, afastando-nos das más ações e dos pensamentos negativos oferecidos pelo mundo. Com certeza, ainda estamos longe de atingir a plena santidade, mas nunca é tarde para recomeçar. A transformação deve começar em nosso interior, depois em nosso lar, até que, finalmente, a sociedade se transforme.

Faz-se urgente a promessa feita a nós mesmos de que não deixaremos os erros e as omissões do passado perturbarem nosso coração, pois agora é o momento de focarmos apenas na caridade, que é o caminho essencial para alcançar a santidade.

A verdadeira santidade começa com a entrega total ao Senhor, permitindo que Ele nos transforme e nos guie. Ao nos comprometermos com a oração e a meditação diária, podemos nos afastar do pecado e crescer cada vez mais em pureza e em devoção. Com coragem e humildade, devemos permitir que o Espírito Santo nos conduza, fazendo de nossa vida um reflexo do amor divino. Quando buscamos viver a santidade, não apenas aproximamos o Céu da terra, como também nos tornamos instrumentos de paz e luz para o mundo a nosso redor.

Que possamos seguir o exemplo de São Carlo Acutis, rejeitando qualquer forma de profanação do corpo e da alma. Em nossas orações, peçamos a Cristo que envie seu Santo Espírito, e, iluminados por seus sete dons, permaneceremos firmes nesse propósito e alcançaremos a santidade, até sermos chamados a estar ao lado do Pai. Assim seja!

4. Ladainha (p. 95)

5. Oração final (p. 96)

7º dia

"A Virgem Maria é a única mulher de minha vida"

1. Oração inicial (p. 94)

2. Palavra de Deus *(Lc 1,46-55)*

Disse Maria a Isabel: "Minha alma engrandece o Senhor, e meu espírito se alegra em Deus, meu Salvador, porque Ele olhou para sua humilde serva; pois daqui em diante todas as gerações proclamarão que sou feliz! Porque o Todo-Poderoso fez por mim grandes coisas e santo é seu nome. De geração em geração se estende sua misericórdia sobre aqueles que o temem. Demonstrou o poder de seu braço e dispersou os que pensam com soberba. Derrubou os poderosos de seus tronos e elevou os humildes. Enriqueceu de bens os famintos e despediu os ricos de mãos vazias. Socorreu seu servo Israel, lembrando-se de sua misericórdia, como havia prometido a nossos pais, em favor de Abraão e de seus filhos para sempre".

– Palavra da Salvação.

3. Reflexão

Um aspecto marcante na jornada espiritual de Carlo Acutis, além de seu amor profundo por Jesus Eucarístico, era sua devoção à Virgem Maria, a quem ele considerava a única mulher de sua vida. Que declaração impressionante de afeto à Mãe de Cristo, uma verdadeira demonstração de carinho que sempre se expressava por meio da recitação do Santo Rosário, uma prática reverente que ele nunca negligenciava.

Sua devoção a Nossa Senhora de Lourdes e de Fátima só aumentava com o passar dos anos, ao ponto de ele consagrar sua vida aos cuidados de Maria diversas vezes, especialmente em suas peregrinações aos santuários desses lugares sagrados. O jovem santo amou profundamente a Mãe de Jesus, pois compreendia que, ao venerá-la, ele glorificaria a obra extraordinária que

Deus realizou por meio dela: ser o tabernáculo vivo para trazer ao mundo o Salvador.

Por meio de Maria Santíssima, inúmeras graças são derramadas em nossa vida pelo poder de Deus. Por isso peçamos com fervor a ela e a São Carlo Acutis que intercedam pelo mundo, especialmente por nossas crianças e nossos jovens, para que nunca deixem de lutar por uma sociedade mais justa e cheia de amor.

Que possamos, como Carlo Acutis, reconhecer a importância de manter uma devoção sincera a Maria, sabendo que ela é um modelo de pureza e de entrega total a Deus. Ao buscar a intercessão da Mãe do Salvador, nossa vida se torna mais focada e alinhada à vontade do Senhor.

A juventude de hoje tem o poder de mudar o mundo, se seguir os passos da santidade, da fé e do amor, como fez Carlo. Com coragem e fidelidade ao Evangelho, pode trazer luz a um mundo, muitas vezes, tomado pelas trevas e ajudar a restaurar as virtudes de que a sociedade tanto precisa.

Que a presença de Cristo toque e transforme o coração da juventude, inspirando-a a seguir o exemplo cristão desse adolescente, que não se deixou seduzir pelos modismos e pelas tendências destrutivas das virtudes humanas e se comprometeu a levar o Evangelho aos jovens perdidos no caminho do pecado. Amém!

4. Ladainha (p. 95)

5. Oração final (p. 96)

8º dia

"A Eucaristia é minha estrada para o Céu"

1. Oração inicial (p. 94)

2. Palavra de Deus *(Mt 26,20.26-29)*

Ao cair da tarde, ele se pôs à mesa com os Doze. Enquanto comiam, Jesus tomou um pão, pronunciou a bênção, partiu-o e deu-o aos discípulos, dizendo: "Tomai e comei, isto é meu corpo". Depois tomou um cálice, deu graças e passou-o a eles, dizendo: "Bebei dele todos, pois este é meu sangue, o sangue da aliança, que é derramado por muitos para a remissão dos pecados. Eu vos digo: não beberei mais deste fruto da videira, até o dia em que o beber convosco, de novo, no Reino de meu Pai".

– Palavra da Salvação.

3. Reflexão

São Carlo Acutis nutriu um amor imenso por Jesus Sacramentado, dedicando-se a estudar e a investigar os Milagres Eucarísticos. Sua notável exposição, com fotografias e relatos históricos sobre as manifestações divinas da Eucaristia, percorreu os cinco continentes, sendo exibida também nos mais renomados santuários marianos do planeta, como Guadalupe, Lourdes e Fátima.

Atualmente, o jovem santo está ao lado de Cristo, nosso Amor Eterno, que se entrega como alimento real por meio de seu Corpo e Sangue. Carlo se entregou ao Senhor Jesus e sempre esteve convencido de que a presença de Cristo na Hóstia Santa não era apenas simbólica ou apenas um ritual, mas a verdadeira presença do Filho de Deus entre nós.

Carlo fazia questão de compartilhar com seus amigos o poder transformador da Eucaristia, ensinando-lhes que o ser humano precisa aprofundar-se nesse mistério para alcançar a verdadeira felicidade com Cristo, no Reino dos Céus.

Nem mesmo a leucemia conseguiu tirar de Carlo o amor e a devoção à Sagrada Eucaristia. Ao contrário, ao ser diagnosticado com a doença, ele afirmou: "Ofereço todo o sofrimento que haverei de passar ao Senhor, ao Papa e à Igreja".

A Eucaristia, a presença real de Cristo, não é apenas um sacramento, mas um convite contínuo para viver em união com Deus. Conforme Carlo, devemos reconhecer a beleza e a profundidade desse mistério, permitindo que Ele nos conduza a uma vida plena de fé e de caridade.

Que possamos, igual a Carlo Acutis, fazer da Eucaristia o centro de nossa vida e nossa verdadeira fonte de força. Ao nos alimentarmos do Corpo e Sangue de Cristo, somos renovados e transformados, sendo chamados a viver com um amor mais puro e intenso.

Seguindo o exemplo do *Apóstolo da Internet*, devemos deixar de lado as incertezas da vida, nossos medos e nossas frustrações e permitir que Jesus Cristo habite em nosso coração. Que, por meio da Eucaristia, Ele possa restaurar as forças que se perdem neste mundo enganoso. Adorado e glorificado seja eternamente o Senhor, que sua luz resplandeça em nossa alma, purificando-a de todo pecado. Assim seja!

4. Ladainha (p. 95)

5. Oração final (p. 96)

9º dia

"Vivi minha vida sem perder nenhum minuto em coisas que não agradam a Deus"

1. Oração inicial (p. 94)

2. Palavra de Deus *(Cl 3,12-21)*

Irmãos: vós sois amados por Deus, sois os seus santos eleitos. Por isso revesti-vos de sincera misericórdia, bondade, humildade, mansidão e paciência, suportando-vos uns aos outros e perdoando-vos mutuamente, se um tiver queixa contra o outro. Como o Senhor vos perdoou, assim perdoai vós também. Mas, sobretudo, amai-vos uns aos outros, pois o amor é o vínculo da perfeição. Que a paz de Cristo reine em vossos corações, à qual fostes chamados como membros de um só corpo. E sede agradecidos. Que a palavra de Cristo, com toda a sua riqueza, habite em vós. Ensinai e admoestai-vos uns aos outros com toda a sabedoria. Do fundo de vossos corações, cantai a Deus salmos, hinos e cânticos espirituais, em ação de graças. Tudo o que fizerdes, em palavras ou obras, seja feito em nome do Senhor Jesus Cristo. Por meio dele dai graças a Deus, o Pai. Esposas, sede solícitas para com vossos maridos, como convém, no Senhor. Maridos, amai vossas esposas e não sejais grosseiros com elas. Filhos, obedecei em tudo aos vossos pais, pois isso é bom e correto no Senhor. Pais, não intimideis os vossos filhos, para que eles não desanimem.

– Palavra do Senhor.

3. Reflexão

Um conhecido de Carlo Acutis revelou à mídia: "No funeral, estavam presentes muitos imigrantes, alguns muçulmanos e hinduístas. Acredito que Carlo os conheceu durante seus passeios de bicicleta pelo bairro, quando ele parava para conversar com os porteiros, quase todos estrangeiros. Perto de nossa casa, havia um sem-teto, e Carlo sempre levava comida para ele. Em uma ocasião, deu um saco de dormir a um idoso que se abrigava em uma caixa de papelão. Ele também doava sua mesada aos frades capuchinhos".

Diante da morte iminente, Carlo Acutis escreveu: "Estou feliz por morrer, porque vivi minha vida sem perder nenhum momento em coisas que não agradam a Deus". Quanta paz e quanta serenidade para um jovem de apenas quinze anos que, com plena aceitação, aguardava seu encontro com Jesus! Ele estava alegre, em verdadeiro júbilo, pois sabia que o dia de estar com Cristo estava próximo.

Hoje, encerramos a novena em honra a São Carlo Acutis, mas nossa missão continua... Precisamos orar por nossa família, especialmente pelas crianças e pelos jovens. Hoje, os jovens enfrentam conceitos morais e espirituais distorcidos, muitas vezes, espalhados pela internet e pela televisão.

Não podemos permitir que as influências negativas das redes sociais nos dominem; não devemos trocar relacionamentos profundos e reais por vínculos superficiais e virtuais. Nunca devemos deixar que a sedução da futilidade tome conta de nosso corpo e nossa mente.

Aprendamos com as virtudes de São Carlo Acutis, seguindo os passos de Jesus, praticando o bem com os necessitados, sendo cristãos genuínos e oferecendo apoio aos jovens que estão perdidos no caminho da vida.

Também é nosso desejo que o exemplo de Carlo nos inspire a não nos perdermos nas distrações mundanas e a focarmos na verdadeira felicidade, que vem de viver segundo a vontade de Deus. Com sua vida dedicada ao próximo, ele mostrou que a verdadeira riqueza está no amor e no serviço aos outros, sempre com a presença de Cristo em seu coração.

Semelhantes ao modelo de vida de Carlo Acutis, sejamos luz para os outros, especialmente para aqueles que mais necessitam, e procuremos viver com a mesma fé, coragem e compaixão que ele demonstrou em sua curta, mas profundamente impactante, vida. Que nossa vida também seja um testemunho de fé verdadeira e de amor incondicional.

São Carlo Acutis, roga por nós e interceda junto a Deus Pai, para que sejamos dignos das promessas de Cristo. Amém!

4. Ladainha (p. 95)

5. Oração final (p. 96)

ORAÇÕES

Orações diante do Santíssimo Sacramento

No coração da vida cristã, a Eucaristia ocupa um lugar central, sendo o Sacramento que nos conecta mais profundamente com Jesus Cristo. O jovem Carlo Acutis, cuja devoção à Eucaristia foi notável, reconheceu, como poucos, o valor imensurável de estar diante do Santíssimo Sacramento. Ele entendia a Eucaristia não apenas como um símbolo, mas como a verdadeira presença de Cristo, Vivo e atuante em nosso meio.

As orações aqui apresentadas são um testemunho de amor, de reverência e de entrega à presença de Jesus Sacramentado. São palavras de fé, de súplica e de adoração, nas quais buscamos a companhia de Cristo em nossa vida diariamente. Seja na fraqueza humana, nas alegrias ou nas dificuldades, essas orações nos ajudam a aprofundar nossa união com o Senhor, lembrando-nos de que Ele está sempre presente, especialmente, no silêncio do sacrário, aguardando-nos com um amor infinito.

Estas orações são mais do que simples palavras, são *expressões do coração que aspira ardentemente permanecer unido ao Senhor*, como o fez Carlo Acutis, que transformou sua vida em uma contínua adoração ao Santíssimo Sacramento. Que, ao rezarmos essas orações, possamos também sentir a mesma chama de amor e de devoção que ele experimentou em sua jornada de fé e que possamos nos aproximar cada vez mais de Jesus, nosso Salvador e nosso Amigo fiel.

Permanecei comigo, Senhor!
(São Pio de Pietrelcina)

Permanecei, Senhor, comigo, porque é necessária vossa presença para não vos esquecer; sabeis quão facilmente vos abandono.

Permanecei, Senhor, comigo, pois sou fraco e preciso de vossa força para não cair tantas vezes; porque vós sois minha luz e sem vós estou nas trevas; pois vós sois minha vida e sem vós esmoreço no fervor; para me dardes a conhecer vossa vontade; para que ouça vossa voz e vos siga, pois desejo amar-vos muito e estar sempre em vossa companhia.

Permanecei, Senhor, comigo, se quereis que vos seja fiel. Permanecei, Senhor, comigo, porque, por mais pobre que seja minha alma, deseja ser para vós um lugar de consolação e um ninho de amor.

Permanecei, Jesus, comigo, pois é tarde e o dia declina... Isto é, a vida passa, a morte, o juízo, a eternidade se aproximam e é preciso refazer minhas forças para não me demorar no caminho; para isso tenho necessidade de vós.

Já é tarde, e a morte se aproxima. Temo as trevas, as tentações, a aridez, a cruz, os sofrimentos, e quanta necessidade tenho de vós, meu Jesus, nesta noite de exílio. Permanecei, Jesus, comigo, porque, nesta noite da vida, de perigos, preciso de vós. Fazei que, como vossos discípulos, vos reconheça na fração do pão, isto é, que a comunhão eucarística seja a luz que dissipe as trevas, a força que me sustenta e a única alegria de meu coração.

Permanecei, Senhor, comigo, porque na hora da morte quero ficar unido a vós, senão pela comunhão, ao menos pela graça e pelo amor. Permanecei, Jesus, comigo; não vos peço consolações divinas, porque não as mereço, mas o dom de vossa presença, assim, eu vos peço.

Permanecei, Senhor, comigo; só a vós que procuro, vosso amor, vossa graça, vossa vontade, vosso coração, vosso Espírito, porque vos amo e não peço outra recompensa senão vos amar mais. Com um amor firme, prático, amar-vos de todo o meu coração na terra para continuar a vos amar perfeitamente por toda a eternidade. Amém!

Alma de Cristo
(Santo Inácio de Loyola)

Alma de Cristo, santificai-me.
Corpo de Cristo, salvai-me.
Sangue de Cristo, inebriai-me.
Água do lado de Cristo, lavai-me.
Paixão de Cristo, confortai-me.
Ó bom Jesus, ouvi-me.
Dentro das vossas chagas, escondei-me.
Não permitais que eu me separe de vós.
Do inimigo maligno, defendei-me.
Na hora da minha morte, chamai-me.
Mandai-me ir para vós,
para que vos louve com os vossos santos,
pelos séculos dos séculos. Amém!

Comunhão Espiritual
(Santo Afonso Maria de Ligório)

Meu Jesus, eu creio que estais realmente presente no Santíssimo Sacramento. Eu vos amo sobre todas as coisas e desejo receber-vos em minha alma. Já que não posso receber-vos sacramentalmente, vinde, ao menos espiritualmente, ao meu coração. Senhor, uno-me todo a vós como se já vos tivesse recebido. Não permitais que eu jamais me separe de vós! Amém.

Súplica ao Santíssimo Sacramento pela proteção da família

Senhor Jesus, novamente aqui estou de joelhos, diante de vossa presença real no Santíssimo Sacramento. Amantíssimo Filho do Deus Verdadeiro, eu creio com firmeza que comigo estais, creio em vossa supremacia contra toda espécie de mal, pois vós vencestes o império da morte e do pecado.

Cristo Ressuscitado, sinto a chama de vosso Amor aquecer meu pobre coração e vosso Preciosíssimo Sangue ser derramado sobre mim e sobre minha família. Meu Senhor, eu suplico vosso amparo contra a inveja, a infidelidade, a calúnia e quaisquer obras do maligno para desunir minha família.

Eu vos louvo, Deus Pai, pela oferta agradável de vosso amor: Jesus Cristo. Que o Cordeiro Pascal seja meu libertador. Salvai-me, Senhor, da opressão diabólica que possa estar ferindo a sacralidade de minha família.

Protegei, Mestre, vossos adoradores dos falsos profetas, que podem semear a desilusão no terreno fértil de minha família. Que vossas Mãos Prodigiosas nos acalentem no desespero financeiro, que vosso Sangue purifique minha alma, maculada pelos maus pensamentos e que vosso Corpo Eucarístico seja sustento e remédio para minhas enfermidades, físicas e espirituais.

Tudo isso eu vos peço, em nome do Pai, do Filho e do Espírito Santo, que ilumina o caminho e conduz minha família, nos momentos de sofrimento e de escuridão. Assim seja! Amém!

Declaração de Infinito Amor ao Santíssimo Sacramento

Senhor, não existe escuridão capaz de destruir meu amor por vós. Ainda que eu sofra as mais terríveis dores, jamais desistiria de vos amar. Não há tristeza que perdure uma noite, se me deixo inebriar com vosso amor.

Que eu seja fortificado por vosso Corpo Eucarístico, que vossa presença silenciosa no sacrário preencha meu vazio e que vossa sublime Alma me edifique!

Jesus, sempre vos amarei, ainda que a tentação tente separar vosso coração do meu, porque meu amor por vós é infinito e assim será por toda minha vida. Amém!

No silêncio do Sacrário está meu Amor

Senhor, como ansiava por este momento, em que sinto vossa presença como brisa suave a me envolver por vosso Amor. Por meus pecados e por minhas misérias, sei o quanto vos entristece, quando me deixo seduzir por prazer e ambição, mas vos suplico, Jesus: preparai o terreno seco e árido de meu coração e o tocai com vossas copiosas mãos, derramando chuvas de graças para minha conversão.

Meu grande Amor está no silêncio do sacrário, por isso reconheço o quanto sou indigno de contemplar vossa inefável face, contudo apresento minhas angústias, clamo por vossa eterna misericórdia.

Ó Cristo, quero vos adorar por aqueles que recusam a vos adorar, pedir perdão por aqueles que negam a reconciliação, enfim, peço-vos misericórdia por todos aqueles impiedosos e injustos, que se distanciam de vossa presença pelo orgulho e pela ilusória autossuficiência.

Senhor Jesus, obrigado por este encontro especial, como é bom estar em vossa presença! O tempo passa sem perceber, e vós, o Sol da Esperança, encheis minha alma de paz pela certeza de que jamais estarei sozinho na condução de minha cruz. Obrigado, meu Santíssimo Rei, pois cada vez que retorno a vossa Casa, no silêncio, encontro meu Amor. Amém!

BIBLIOGRAFIA

FIGUEIREDO, Ricardo. *Não eu, mas Deus*. Biografia espiritual do Beato Carlo Acutis. 1ª edição. São Paulo: Paulus, 2020.

GORI, Nicola. *Da Informática ao Céu*. Biografia do Beato Carlo Acutis. 1ª edição. Brasília: Edições CNBB, 2021.

GORI, Nicola. *Eucaristia, minha estrada para o Céu*. Biografia de Carlo Acutis. São Paulo: Cultor de Livros, 2020.

NASINI, Gino. *O Milagre e os milagres eucarísticos*. São Paulo: Palavra & Prece, 2010.[2]

[2] Nota do Autor: As citações bíblicas constantes nesta obra foram transcritas da Bíblia de Aparecida. Editora Santuário, 2020. 22ª impressão. Tradução dos textos originais pelo exegeta e missionário redentorista José Raimundo Vidigal, C.Ss.R.

Este livro foi composto com as famílias tipográficas Avenir, Cambria e Segoe UI
e impresso em papel Offset 70g/m^2 pela **Gráfica Santuário.**